UNE HISTOIRE FOLLE

JOACHIM RONCIN

UNE HISTOIRE FOLLE

Comment j'ai créé JE SUIS CHARLIE
et le voyage en absurdie qui a suivi

BERNARD GRASSET
PARIS

ISBN 978-2-246-83160-0

À mes enfants, Léonard et Andréa

« Dans un univers passablement absurde, il y a quelque chose qui n'est pas absurde, c'est ce que l'on peut faire pour les autres. »

André MALRAUX

C'est la première fois que j'écris un livre. La première fois que j'écris quelque chose tout court d'ailleurs. Par le passé j'ai bien répondu à des mails, écrit des lettres enflammées à mon amoureuse quand j'avais 13 ans, commencé un scénario avorté à la deuxième page. Mais un livre, vraiment pas. Alors pourquoi maintenant ?

Je n'ai pas tout à fait rien écrit. Le 7 janvier 2015, à la suite des attentats de *Charlie Hebdo*, j'ai écrit trois mots sur Twitter. Trois mots qui allaient faire le tour du monde, devenir un symbole, un slogan, un sujet de conversation. Trois mots qui allaient me suivre longtemps sans que je puisse y faire quoi que ce soit. Trois mots qui m'étaient personnels, qui avaient leur propre histoire, avec une signification intime. Et qui allaient bouleverser la suite de mon existence.

JE
SUIS
CHARLIE

Sept ans plus tard, cette formule est reprise par Éric Zemmour qui, fin 2021, déclare « Je suis candidat ». Voici les trois mots qui ouvrent la vidéo de présentation du candidat à l'élection présidentielle. On pourra dire que c'est une coïncidence, que les mots décrivent exactement le propos de la vidéo, mais voilà maintenant plus de sept ans que fleurissent tous les jours de nouveaux slogans reprenant la formule « Je suis » qui, sans que ce soit prémédité, rencontrent un succès désarmant. « Je suis candidat », la formule est efficace. Y a de quoi être parano. Trois mots anodins avant le 7 janvier, trois mots qui cristallisent mille choses dans les minutes suivantes.

On a tout dit sur ces mots, on les a analysés, déformés, on leur a attribué tant de choses. On a prêté une multitude de sens à cette formulation, rien de ce que je voulais dire, rien de ce que j'avais ressenti à ce moment-là. Un gros malentendu. J'ai, dans les temps qui ont suivi, reçu beaucoup d'écrits sur le sujet : des étudiants, des chercheurs, universitaires, ont passé plusieurs mois, voire plusieurs années, à réfléchir à ce *Je*, à ce *Suis*, et fatalement, à ce *Charlie*. Chacun a son analyse, qu'elle soit sociologique ou étymologique. Beaucoup d'articles, de livres également, ont donné à ce slogan un sens, (trop) souvent politique. Forcément : le message était lancé, il était public, il devenait alors politique.

Le 12 janvier 2015, soit cinq jours après les attentats, j'assistais à un débat sur une chaîne d'info en continu lorsque la question fut posée : « Être ou ne pas être Charlie. » Comme s'il y avait deux camps qui se faisaient face. Divisions et controverses. Avec le recul, tout ça peut paraître anodin, voire évident mais sur le moment, je ne comprends rien. Pourquoi débattre ? Dans une société qui tergiverse sur la laïcité, les poussées xénophobes et identitaires, un tel clivage est-il audible ? Pouvons-nous patienter deux secondes avant de dire tout et n'importe quoi ? Non, visiblement non…

« La force qui agit dans les mots est-elle dans les paroles ou dans les porte-parole ? »

Pierre Bourdieu, *Ce que parler veut dire*, 1982

Et encore…

Les vieux souvenirs viennent nous hanter à nouveau. L'histoire avec sa grande hache, dirait Georges Perec. Le 25 septembre 2020, devant les anciens locaux de *Charlie Hebdo*, un homme armé d'une feuille de boucher vient essayer de commettre l'impensable. Deux blessés. Il sera arrêté et avouera quelques heures plus tard vouloir venger son dieu. Le hashtag « Je suis Charlie » refait surface. Il n'était pas si loin. Une fois de plus et pour témoigner d'une solidarité avec les victimes, pour soutenir la liberté d'expression, le slogan bat son plein. Et ça sera tragiquement le cas trop souvent. Conséquemment, la même musique se met en place sur les chaînes d'info avec, en fond de débat, une question loin d'être shakespearienne : être ou ne pas être Charlie ?

C'est évidemment pour cette raison qu'un producteur de ce qui était encore une nouvelle émission, « On est en direct » de Laurent Ruquier, me contacte.

— Laurent aimerait beaucoup vous recevoir demain samedi, dans sa nouvelle émission.

Je ne demande même pas comment il a eu mon numéro, une cousine d'un copain qui a un ami journaliste qui a un collègue, certainement.

— Désolé vraiment mais ça ne sera pas possible, je pars demain matin à Marseille.

— Ah, vous en avez de la chance, c'est sympa Marseille, dommage on voulait vous avoir sur le plateau pour parler de votre slogan, vu qu'il est encore très populaire après les attaques de la semaine dernière. Avoir votre point de vue sur sa résistance à l'érosion du temps…

— Ça aurait été avec plaisir mais je serai à Marseille, merci de votre proposition, à bientôt.

Je ne sais pas ce que ce message veut dire. Une fois de plus, on me demande de prendre position. Bien ou mal. Pas de place pour l'indécision, pour le doute, la nuance. Au pire, mon hésitation sera considérée comme suspecte, au mieux comme relevant de l'idiotie. Ma réponse doit être efficace, cinglante. Elle doit porter le sceau de la vérité. Suis-je Charlie ou non ?

Que signifie cette question ? Cela dépend de tellement de paramètres, du sens qu'on lui donne. J'ai toujours refusé de la définir. Comme j'ai toujours refusé de clamer une vérité dans les médias. Ce jour de 2020, j'ai menti. Je ne partirais pas à Marseille le lendemain, mais j'évitais une nouvelle fois de me confronter à la question qu'on me pose depuis le 7 janvier 2015 : que signifie « Je suis Charlie » ? Et pourquoi ai-je écrit ces trois mots quelques minutes après les attentats ?

« C'est l'imprévisible qui crée l'événement. »

Georges Braque

7 janvier 2015

J'ai presque fini la prochaine couverture. *Oui tu peux prendre le paquet de bons à tirer là, je les ai signés.* Il est 11 h 34 et depuis presque deux ans je m'occupe de la direction artistique de *Stylist*, un magazine hebdomadaire gratuit, distribué le jeudi à la sortie des métros.

Entouré de journalistes brillants, j'essaye de mettre en valeur les articles de chacun. C'est facile de faire du beau, c'est une histoire subjective finalement, c'est plus compliqué de donner envie de lire. C'est mon rôle. Faire différemment, étonner, être original, impertinent, tous les moyens sont bons. Une mise en page soignée, une belle maquette, des photos, un bon rythme ne suffisent pas. Surprendre, trouver un concept visuel, un angle efficace, savoir se réinventer et surtout être concis dans un monde où chacun veut tout comprendre, tout de suite. Il faut se démarquer pour exister, encore plus quand le magazine est gratuit et que c'est aussi facile de le prendre que de le jeter.

Un magazine, c'est une entreprise en péril perpétuel. Depuis que je fais ce métier on m'a toujours dit que la presse était à l'article de la mort. J'ai commencé en 2002 chez *Studio Magazine*, où j'étais directeur artistique et déjà cette industrie était en sursis. *Mais tu ne comprends pas, les gens veulent consommer vite, efficace, sans se prendre la tête, aller à l'essentiel.* La musique est dans un nuage maintenant, alors pourquoi pas le papier ? Les journaux et magazines sont des ovnis dans notre société moderne, leur modèle économique aussi. Un radeau qui flotte dans la tempête du numérique. Mais voilà, j'aime me retrouver sur ce radeau à la dérive, comme un des derniers survivants qui croit qu'il va pouvoir un jour accoster et prouver au nouveau monde que sa barque est solide. Je ne suis pas le seul ; des journalistes dans d'autres magazines, d'autres journaux, y croient encore.

Depuis sa création en 2013, aux côtés d'Aude Walker et Audrey Diwan, on a fait le magazine qu'on voulait lire. Celui qui nous semblait être en accord avec nos principes, notre vision de la société. Un magazine libre dans sa forme et son fond. En 2015, cela fait donc deux ans que j'essaye d'inventer un ton visuel. Derrière mon ordinateur, je cherche le bon équilibre entre image et texte. Les annonceurs qui nous font vivre nous accordent de plus en plus leur confiance, on tire à 450 000 exemplaires par semaine. Ça commence à avoir de la gueule, cette aventure journalistique qui n'était qu'une utopie en 2013. Les autres rédactions n'y croyaient pas vraiment. Un gratuit dans le métro, c'est bon à se nettoyer le dessous des chaussures, diront certains. On a prouvé le contraire, on était là pour rester.

Il y a eu une attaque chez Charlie Hebdo… Pardon ? Je regarde Hugo, alors rédacteur en chef adjoint, la tête penchée sur son téléphone et faisant les cent pas devant moi. *Il y a eu une attaque armée chez Charlie Hebdo…* Qu'est-ce que tu racontes… Mais non c'est rien. Ma première réaction est celle-ci. L'incrédulité.

— *Mais non ça va aller, c'est rien.*

Ce n'est pas possible que ce soit grave. On n'est pas en guerre. Certainement un dingo qui a tenté quelque chose mais rien de grave.

— *Joachim c'est grave, là.*

Hugo regarde toujours son téléphone, blême. Mais t'inquiète pas Hugo, c'est rien, arrête. Je ne sais pas si ma réaction est d'abord une forme de protection, ou simplement de l'incompréhension face à l'absurdité de l'information.

« Absurde, n.m. : contraire à la raison, au bon sens, à la logique… »

Mon cerveau n'est pas configuré pour accepter ce genre d'information. L'analyse ne se fait pas. Je me rends compte avec le temps que face à un événement grave, mon organisme pratique le déni, un détachement incompréhensible.

J'avais 15 ans quand mon frère est mort. Ma mère accompagnée de ma sœur ont débarqué dans la cour de l'école, il était 10 h 30. Je les ai vues arriver au loin, qu'est-ce qu'elles font là ? Elles avançaient vers moi rapidement. Plus elles s'approchaient, plus je voyais que c'était grave. Et plus elles s'avançaient, plus je sentais que mes jambes supportaient moins mon poids.

Au milieu du terrain de basket, ma mère et ma sœur, la mine défaite, se tenaient là, face à moi, encore essoufflé d'un match improvisé pendant la récréation.

— *Joachim, Jean-Philippe est mort.*

C'était en 1991, Il habitait depuis un an en Afrique du Sud, il avait 23 ans. Je suis dans la cour d'école à Paris, et à douze mille kilomètres, mon frère est mort.

J'étais parti quelques semaines plus tôt le retrouver pendant les vacances. On avait fait du surf à Durban, visité le Kruger Park, avait été arrêtés par des militaires nous demandant de trouver un hôtel au plus vite pour éviter de nous retrouver face à des mercenaires et quelques jours plus tard chassés par un éléphant croisé au milieu du bush. On ne s'était pas vu depuis presque un an. Mon père lui avait trouvé un boulot dans une filiale de sa société d'import-export en céréales. Pas passionnant mais c'était l'Afrique du Sud alors il avait dit oui. C'était l'aventure.

Sans le savoir, cet ultime voyage m'offrait deux semaines de souvenirs avec mon frère que je ne reverrais jamais. À l'aéroport de Johannesburg, je l'ai pris dans mes bras, je l'ai regardé et j'ai eu un sentiment étrange, comme si c'était la dernière fois. Je ne sais pas s'il s'agit d'un vrai souvenir ou d'une invention qui m'a aidé à faire le deuil.

— *Quoi ? Mais non ce n'est rien, c'est sûr.*

Mort mais pas mort-mort, comme une personne qu'on va mettre entre quatre planches de bois, ça c'est les vrais morts, ceux que je ne connais pas. Mon frère, mon idole, ce loser magnifique, vivant à cent à l'heure sans penser au lendemain, ce gars beau à en crever, mon dieu tout-puissant et immortel, lui n'est pas mort-mort. C'est impossible, mon cerveau n'analyse pas.

Ma mère me regarde tendrement, *va chercher tes affaires dans ta classe, on rentre à la maison.* Je m'exécute froidement. Aucune émotion extérieure, totalement anesthésié à l'intérieur. Je monte au troisième étage de l'école, entre dans la classe vide et silencieuse, où les affaires de chacun sont comme figées, comme si la vie s'était arrêtée ici aussi. Parenthèse désenchantée.

J'entends le bruit des élèves qui chahutent dans la cour. Je sors de la classe avec mon sac sur le dos, quand dans le couloir le directeur de section m'interpelle.

— *Vous allez où comme ça, monsieur Roncin ?*

— *Moi ? Qu'est-ce que ça peut vous faire, mon frère est mort, c'est vraiment pas le moment de me faire chier.*

J'ai dit ça, sans penser ce que je disais. J'étais invincible, j'avais la carte sortie de prison. Les mots étaient sortis de ma bouche mais je ne pensais pas ce que je disais, mort-mort impossible, au mieux c'était une notion, une succession de mots qui n'avaient aucun sens, mais un but unique : faire chier ce directeur dont la forme ovoïdale des ongles épousait parfaitement celle de ses doigts. Un détail physique qui ne m'avait pas échappé lors de mes nombreuses visites dans son bureau. J'en étais même arrivé à connaître par cœur les textes des affiches punaisées qui faisaient face aux trois chaises du couloir à l'entrée de son bureau.

— *Et vous, pères, n'irritez pas vos enfants, mais élevez-les en les corrigeant et en les instruisant selon le Seigneur. Éphésiens 6:4*

— *Les manuels scolaires sont à rendre au CDI auprès de Mme Lefevre (avec un petit dessin d'un livre bleu et d'un lutin vert)*

— *Les Crados ou toutes cartes similaires sont interdites au sein de l'établissement. Elles seront confisquées définitivement dans le cas contraire (dessin d'un panneau interdiction rouge)*

— Cours de soutien scolaire tous les mardis de 17 heures à 18 h 30 avec Mme Rose, veuillez vous renseigner auprès de votre professeur principal (typo rose)

Je n'étais pas le premier de la classe et je faisais tache dans cette école catholique. Plus préoccupé à dessiner dans les coins de mes cahiers et à collectionner les cartes Crados malgré l'affiche, j'allais évoluer péniblement au sein du système scolaire jusqu'à mon bac, obtenu péniblement lui aussi.

J'ai mis longtemps à accepter la mort de mon frère. Très peu de larmes. Une peine immense mais sans larmes. J'en parlais mais j'avais du mal à concevoir la cruauté de ce drame. La seule personne avec laquelle il était impossible d'en parler, c'était mon père. Il se mettait à pleurer à la seconde où je prononçais le nom de mon frère. Encore aujourd'hui.

À l'enterrement, j'ai refusé de voir son corps. Rétrospectivement, je pense que c'était une erreur mais c'est ce qui m'a permis d'imaginer qu'il était peut-être encore en vie quelque part. Qu'il avait décidé de fuir, encore plus loin que l'Afrique du Sud, à un endroit où personne ne le retrouverait. Je me sentais complice de son secret. Un jour, il m'enverrait un message codé pour me dire que, oui, c'était bien réel, qu'il était en vie. Qu'il était heureux loin, bien plus loin que l'Afrique du Sud. Que tout ça était une mascarade destinée à lui permettre de vivre une vie meilleure. Qu'il pensait à moi autant que je pensais à lui, que rien de tout ça n'était vrai.

J'ai mis des années à accepter qu'il était mort-mort. Et à comprendre que j'allais souffrir, longtemps-longtemps.

Jean-Philippe était pour moi un repère, une inspiration. Gamin, je voulais être lui. Lui qui m'avait fait découvrir la musique avec sa collection de vinyles planquée dans sa chambre de bonne, lui qui avait la bonne dégaine avec ses jeans troués, ses santiags, ses boucles blondes. Lui qui avait tout, le look, la gueule, la gouaille, c'était mon demi-frère, huit ans de plus que moi, c'était ma star. Une grande différence d'âge quand on est gamin mais qu'il ne m'a jamais fait ressentir. Il me parlait de tout sans filtre. Il était le fruit d'une idylle furtive entre mon père et une prof de français qu'il avait connue en Chine dans les années 1960, quelques années avant de rencontrer ma mère à Paris, elle fraîchement débarquée de Toronto au Canada.

Mon père est l'archétype même du soixante-huitard. Bon vivant, fort en gueule, ça ne l'a pas empêché de verser sa larme à la mort de Bérégovoy et d'afficher fièrement dans notre cuisine un poster de Solidarność. Lors de la réélection de Mitterrand, on a traversé Paris sur le toit de sa R5, totalement taguée par l'artiste Miss.Tic. Chez nous on ne disait pas *Mitrand*, et on jugeait mal ceux qui le faisaient. Après avoir fouillé dans toutes les bennes à ordures pour trouver des objets à revendre, mon père étant en passe de devenir brocanteur à temps plein, il m'emmenait voir des concerts punk aux Frigos de Paris. Il m'a fait découvrir la bonne bouffe, les longs voyages en voiture. Il m'achetait toutes les semaines *Pif Gadget*. Après la séparation avec ma mère, alors que j'avais 7 ans, on a vécu ensemble comme des ados : gâteaux et bonbons le matin ; films et BD le soir. J'avais 7 ans, ma sœur 12, elle vivait chez ma mère, Jean-Philippe chez la sienne et de temps en temps chez mon père, notamment quand ce dernier avait besoin de quelqu'un pour me garder. Et puis, un jour, Jean-Philippe est venu habiter dans la chambre de bonne au-dessus de chez nous.

Avec mon père, on se baladait le week-end sur les bords de Seine pour aller fouiller chez les bouquinistes. Je ne l'ai jamais vu ouvrir un livre mais c'est clairement lui qui m'a donné le goût de la chose imprimée, de l'odeur du papier, à force de déambuler dans les librairies de la rue de Seine. Toutes ces choses anodines qui nous façonnent. Il y avait aussi logiquement, chez nous, des magazines, *Hara-Kiri*, *Charlie Hebdo*, *Lui*, *Fluide Glacial*, *Le Canard enchaîné*. Certainement l'une des raisons qui m'ont poussé, avec mon cousin Alexandre, alors que nous avions 15 ans, à fabriquer notre premier magazine qu'on allait vendre au feu rouge de la rue de Miromesnil, dans le 8e arrondissement de Paris. Ça s'appelait *Le Canard déchaîné*. Pas vraiment un journal ni un magazine, plutôt quatre pages A4 repliées sur elles-mêmes, ce qui donnait donc huit pages format A5. Le contenu était approximatif, fait de blagues, de mots croisés et autres critiques musicales, quelques dessins, tout ça pour 10 francs s'il vous plaît. Le feu rouge était long, on pouvait alpaguer beaucoup de voitures, dans ce quartier d'affaires, l'endroit idéal. Les journaux vendus à la sauvette dans la rue n'existaient pas encore et nous venions de créer un fanzine sans le savoir. J'ai réalisé bien plus tard que les gens l'achetaient surtout parce qu'ils étaient attendris par ces deux gamins qui osaient les accoster au feu rouge pour leur proposer un truc fait de leurs mains, quelque chose d'artisanal. Je pense que personne n'a appris quoi que ce soit dans *Le Canard déchaîné*. J'en ai retrouvé quelques exemplaires récemment, c'était médiocre mais naïvement beau. La nostalgie de cette époque, où notre seule préoccupation était de monter sur les toits de Paris et de bricoler un quatre pages, y est certainement pour beaucoup. On adorait ça. On faisait quelque chose de concret qui nous rapportait de l'argent. À la fin de la journée, on comptait 100 francs, parfois 200. Et même une fois 500, un Pascal. À aucun moment on ne s'est dit que cela deviendrait notre quotidien des années plus tard. Lui journaliste, moi directeur artistique de presse. Ces petites briques allaient former un tout.

C'est un attentat, Joachim. — Un attentat ? De quoi tu parles, mais non c'est pas possible, pas dans Paris, pas dans le 11e. J'habite le 11e, où est Anne ma compagne, où est mon fils ? *Tout va bien de ton côté ? Où est Léonard ? — Ça va je suis à la maison, Léonard est avec la nounou, tout va bien. C'est horrible.*

Je lis frénétiquement le flot des tweets qui apparaissent sur l'écran de mon ordinateur. Personne ne sait rien. On lit tout.

PoluxMallux @Xtom3 :
On a entendu des coups de feu.

Helliot34 @jjHolo :
Ils sont encore sur place ??? #charlie

LaMoumouOL @JulienLB45 :
Putain l'horreur, j'espr que c'est pas grav #charlie

LourjoDu75 @MatEmileVV :
Eh oh c'est la guerre là ! #charlie

XCLemp @LucieKemtro :
Des tirs pas loin de Bastille

CrazyMoFo @LocLocoLoa :
A priori y a eu des tirs chez Charlie Hebdo

Samilami @OxSamiF :
Y a quoi là ??? #charlyHebdo #paris #info
@prefecturedepolice

Jklmp99 @ElisaMorfolto :
C'est horrible ! #charliehebdo

Dans la rédaction, pas un bruit. Dans la rue non plus, la ville est silencieuse. On entend distinctement le ballet des voitures de police et des camions de pompiers. La ville est sirène.

Je ressens le besoin de m'exprimer, de dire que ça ne va pas, que je ne me sens pas bien, comme beaucoup. Que *Charlie Hebdo*, ce journal que je ne lisais pas, était pourtant un des éléments constitutifs de ce que je suis aujourd'hui, un objet de mon quotidien d'enfant, qui traînait sur une table basse chez mon père et était devenu le symbole d'une époque où j'étais insouciant.

On a tous en nous ces sceaux mémoriels qui laissent une trace indélébile sans qu'on sache comment ni pourquoi. Les épis de blé coincés dans la grille d'aération du tableau de bord de la Peugeot 604 de mon père avec Joe Dassin en bande-son. L'affiche de Solidarność dans la cuisine rouge du boulevard des

Batignolles. L'odeur du macadam chaud après la pluie à Toronto. Celle du pipi de chat dans la cage d'escalier de l'immeuble de ma grand-mère. Le doigt de mon grand-père maternel qui ne se plie pas. L'odeur de son cuir chevelu sur son oreiller. Le logo sur le paquet de cigarettes Peter Stuyvesant. La sirène du premier mercredi.

Charlie Hebdo posé sur la table basse.

Tous ces petits éléments insignifiants sur le moment se rangent les uns à côté des autres dans notre bibliothèque mentale. La structure de cette bibliothèque et l'addition de ces éléments font ce que nous sommes. Uniques.

Un sentiment de peine immense m'envahit, de rage, d'incompréhension. Je pense assez vite à ces trois mots : *Je suis Charlie.* C'est en moi. Pas le magazine en tant que tel, mais tout ce qu'il représente, un état d'esprit. Libre, contestataire, iconoclaste, impertinent, qui bouscule, qui appuie là où ça fait mal. Et puis ce sont des gens. Des gens qui font eux aussi partie de mon panthéon personnel. Cabu, mon enfance, « Récré A2 », le Club Dorothée, ses lunettes, son physique d'éternel ado sympa, qui rigole de tout avec son air timide et désinvolte.

Affalé sur le canapé du salon de mon père, je regarde « Récré A2 », émission de Dorothée, dans laquelle Cabu avait ses habitudes. Il venait faire des dessins au milieu des enfants. Il a une fois raconté qu'il avait toujours dessiné, que c'était inné, qu'il dessinait toujours dans le coin de ses cahiers d'école. Qu'il avait créé un journal à l'âge de 15 ans dont il était rédacteur en chef, dessinateur, et qu'il le distribuait lui-même. Incroyable ! Des dessins pouvaient faire une vie, les dessins pouvaient faire vivre. J'aimais cette idée, pouvoir dire des choses à travers un dessin, c'était profond, concis. Pas besoin d'écrire des tartines pour se faire comprendre. Je voulais faire comme Cabu.

Ce jour-là, touché en plein cœur de mon insouciance, une partie de moi allait mourir, mais ça je ne le savais pas encore.

Les infos arrivent au compte-gouttes. On comprend que c'est grave. Je veux dire que je suis dévasté et donc très simplement je vais le dire : *Je suis Charlie.* J'aurais tout aussi bien pu dire *vous avez anéanti une partie de ce que je suis*. Un condensé de tout mon être. Je prends un crayon à papier, j'ouvre mon carnet, j'écris Charlie Hebdo, et puis Charlie, Charlie, Charlie et encore Charlie. Obsessionnel et cathartique. Une pleine page de Charlie.

J'ai toujours fantasmé de remplir ce carnet. J'en commence beaucoup avec l'idée d'y rassembler mes idées et dessins avec une rigueur d'architecte. Force est de constater que ça devient vite anarchique. Des idées, des dessins, des notes. Souvent commencés, rarement terminés.

Quand j'ai rencontré Aude Walker et Audrey Diwan en 2012 pour parler du projet du magazine *Stylist*, on s'était retrouvé dans un restaurant du 9e arrondissement de Paris. À l'époque, j'avais arrêté de travailler dans la presse, ça faisait deux ans que j'avais rejoint We Love Art, une agence d'événementiel, en tant que directeur de création. Ce midi-là, j'étais venu avec un carnet neuf à la main, pour me donner une certaine contenance. On discutait du projet, on mangeait par intermittence. On s'évaluait : avait-on envie de passer du temps ensemble ? La création d'un magazine implique une certaine promiscuité. Les minutes passaient et on rigolait beaucoup. J'ai su très vite que oui, j'avais envie qu'elles m'acceptent. La dynamique de notre trio était galvanisante. J'imaginais alors qu'on serait le nouveau groupe de rock qui allait électriser la presse et qui rendrait un vibrant hommage aux plus belles heures d'*Actuel*, de *20 ans*... Je suis ressorti de ce rendez-vous grisé, elles allaient devenir mes meilleures amies et on allait faire le meilleur magazine. Quelques heures plus tard, j'ai reçu un message d'Audrey me disant que j'avais oublié mon carnet.

Ah merde...
y a des choses importants écrites dedans ?

Je peux l'ouvrir, ça te dérange pas ?

oui pas de problème

il est vierge, y a juste écrit « gravier »
sur la première page

gravier ?

oui « gravier »

Je ne sais pas ce qu'est devenu ce carnet, encore moins pourquoi j'avais écrit ça.

Comme une rime, j'écris « je suis » devant Charlie. La page est maculée de Charlie, puis un petit « je suis », posé là. Machinalement, je lance Illustrator, logiciel avec lequel je travaille chaque jour, et j'écris JE SUIS. D'abord une typo noire sur fond blanc. Je me ravise, elle sera blanche sur fond noir. Comme un brassard de deuil. On ne le sait pas encore. On n'ose pas imaginer le pire.

Sur Twitter, une vidéo des assaillants courant dans la rue, armés et criant « On a tué Charlie Hebdo », se met à circuler. Ça devient concret. Deux hommes avec des armes automatiques dans une rue de Paris, l'image est absurde. Au mieux un mauvais film, au pire la réalité. Tout est incohérent. Une scène de guerre au milieu d'un paysage familier. Absurde. Cette vidéo sera analysée à l'infini et diffusée en boucle dans les minutes, heures, jours qui suivront. Comme pour essayer de nous faire comprendre l'incompréhensible.

J'ajoute CHARLIE à JE SUIS.

— *Regarde Hugo, c'est bien ça ?*

— *Quoi ?*

— *Ça, là : JE SUIS CHARLIE, tu penses que je vais vexer des gens en disant ça ?*

— *Je sais pas, mais pourquoi, tu veux en faire quoi ? Le mettre sur Twitter ? Non franchement Joachim y a rien à écrire je pense. Pourquoi s'exprimer ? Pourquoi dire quelque chose, c'est horrible Joachim. Y a rien à dire.*

Il n'en ressent pas le besoin, moi si. Je veux m'exprimer, dire, pour ne pas rester passif, victime de ce qui nous arrive.

Je poste mon tweet à mes 400 followers quelques minutes plus tard. Un geste si trivial, face à une situation si violente. Hagard, je fais face à mon écran qui débite un flot incessant de messages. On redoute encore le nombre de victimes. On ne le connaît pas encore. Je n'espérais rien en postant cette image. Je voulais dire quelque chose, à mon niveau, à ma hauteur. Je voulais simplement exprimer une douleur que je n'arrivais pas à nommer.

Un déjeuner avec un ami était prévu ce jour-là. Il est trop tard pour annuler. Mon rendez-vous m'attend déjà en bas. Impossible de me défiler. J'ai besoin de changer de décor. Ça fait longtemps que je n'ai pas vu Corentin. Dans une autre vie, on avait lancé une marque de t-shirts imprimés affichant la traduction littérale des titres de chansons anglo-saxonnes.

Réveille-moi avant que tu partes partes. Une discussion avec un vieil ami, c'est du concret, j'ai besoin de concret dans ce moment surréaliste. *Allons en face, c'est un restaurant japonais, ok pour toi ?* L'ambiance est pesante. Thon, chinchard, saumon et autres crevettes, rangés méticuleusement dans la vitrine frigorifique du bar, ont meilleure mine que les clients alignés. Les tables sont proches, on est les uns contre les autres, comme si on voulait se tenir chaud.

J'ai froid, tout le monde parle des attentats. Le souffle de la terreur déferle aussi vite que défilent les tweets. La rumeur sur les noms des morts se propage. Sous mes pieds, le sol se fissure un peu plus. Pas lui, non pas eux. Donc ce n'était pas une sommation ? C'est vrai ? Tout ça est vrai ? Mort-mort ? On va donc de nouveau rentrer dans ce processus de deuil ? Je vais donc être obligé, malgré moi, de perdre un peu plus d'insouciance ?

Mon frère est à l'angle de la rue, je le sais, il va arriver, me surprendre par-derrière pour m'emmener loin, dans sa cachette. Je ressens une solitude immense. Je voudrais partir loin d'ici.

L'addition s'il vous plaît, à bientôt Corentin.

Quelques minutes plus tard, je remonte les escaliers qui mènent à la rédaction. Je m'assois à mon bureau, les minutes sont des heures, les heures font mal, les égouts du passé refluent, tout se mélange. Les réseaux sociaux s'emballent.

14 heures

La rédaction est sonnée, on regarde avec effarement le flot des informations qui tombent comme autant de coups de marteau-piqueur qui s'enfoncent dans nos têtes, destinés à faire rentrer la réalité dans nos cerveaux naïfs. Les vidéos, les photos, les noms des victimes, les visages des experts sur les plateaux, les politiques, le silence… La mosaïque dessine un message bien réel : ils ont tué Charlie…

En tant que directeur artistique, mon rôle au sein de la rédaction est d'illustrer une notion, un texte, une impression, lui donner une forme, lui faire prendre du sens par l'image. En tant que DA, je cherche à faire connaître, donner le plus de résonance à une idée, un concept. Ici, en postant cette image, je ne visais aucune publicité, aucun repost, rien de viral, mais un besoin vital de m'exprimer. Ne trouvant pas les mots, j'ai essayé de traduire au plus juste ma sensation de l'instant. Sans vouloir plus. À ce moment précis, c'était le medium qui me semblait le plus juste.

L'image se met à circuler. Et elle va vite, très vite. Sur les réseaux les compteurs s'affolent. L'image est repostée et partagée à l'infini. Elle devient elle aussi une « information ». Elle entre dans l'arène des médias. Le tweet sera bientôt le plus important de l'histoire du réseau social. Je m'en aperçois, à demi halluciné. C'est donc ça la viralité. Le tweet n'en finit pas d'être repartagé. Je ne comprends rien, décidément. Et on commence à m'alpaguer, à me questionner sur Twitter.

Pourquoi ai-je fait ça ? Quel beau message, merci ! Mais pourquoi cette phrase ? Pourquoi pas *Je suis Charlie Hebdo* ? Pourquoi cette image ? Ma première réponse sera « Parce que j'ai pas de mots ». Accroche racoleuse ou pas, c'est ce qui me vient. Sidéré face à tout ça, j'ai pas les mots, choqué, je reste mutique. L'image est mon seul moyen d'expression. En y repensant, cela voulait aussi dire qu'à ce moment-là, comme tout le monde, je n'avais pas plus de mots que ces trois-là, sidéré, je ne savais pas quoi dire de plus. Comme un dessin, cette image suffisait. Pas besoin d'en faire des tartines, l'essentiel était dit. Je suis avec Charlie. Ils sont en moi. Je suis en deuil. Fond noir, lettrage blanc.

Les messages sont de plus en plus nombreux. Les gens ont besoin, eux aussi, de dire qu'ils ont mal, qu'ils sont révoltés, qu'ils sont Charlie.

Nous avons besoin de réagir face à la catastrophe. Chacun à sa manière. En l'état, la seule option était de pleurer, de s'angoisser dans son coin mais aussi de s'exprimer, clamer son soutien, dire je suis horrifié, peiné. Partager la peine, être solidaire. On adresse parfois des messages de soutien aux familles de victimes. Cette fois, ce message était une image « Je suis Charlie ». Une image avec un message. On la partage, la met en photo de profil. Par cet acte on prend déjà position, on témoigne de son soutien et de sa douleur. C'est un acte empathique, politique dans le sens noble du terme. On décide, sans équivoque, de dire haut et fort qu'on n'acceptera jamais un monde dans lequel on peut tuer des individus parce qu'ils font des dessins. Et puis au fil des jours, les messages vont évoluer. La sidération passée, chacun voudra préciser sa pensée, clarifier son propos. Mettre une définition derrière un *Je suis Charlie* très, voire trop, naïf. Et puis vite il y a eu *Je ne suis pas* ou *Je suis mais.*

J'ai découvert #jenesuispascharlie très peu de temps après les attentats. Au début, je ne comprenais pas bien. Déjà la vitesse de la réplique, mais aussi ce que « ne pas être » pouvait vouloir dire. Si être Charlie, c'est dire qu'on est contre la barbarie, pourquoi dire alors que l'on n'est pas Charlie ? *Charlie Hebdo* c'est aussi une ligne éditoriale, certes, mais à choisir dois-je accepter qu'on tue ? Coups de feu contre coups de feutre, est-ce bien cohérent ? Hélas si, c'est bien plus compliqué, et ça allait le devenir encore plus. Ces attentats allaient provoquer beaucoup de réactions. Et ce slogan allait définir deux camps.

Je suis/Je ne suis pas. J'allais assister, incrédule, à la naissance d'un monstre à deux têtes. Un amphisbène qui avait besoin d'une main pour le nourrir. Je ne voulais pas être cette main, on allait m'y forcer. J'allais résister.

« M. Roncin. Vous êtes bien l'auteur de cette image ? »

« Les questions qui ne se donnent pas de réponse elles-mêmes en naissant n'obtiennent jamais de réponse. »

Franz KAFKA, *Journal*

15 heures

Je décroche mon téléphone. De l'autre côté, une voix féminine sympathique.

— Bonjour Joachim, excusez-moi de vous déranger, vous êtes bien l'auteur de l'image « Je suis Charlie »… ?

— Bonjour, oui.

— Ah, très bien. Je travaille pour l'AFP, l'Agence France-Presse, et j'aimerais vous poser deux, trois questions concernant le tweet que vous avez posté.

Ça serait fou que l'AFP appelle chaque personne qui poste un truc sur Internet, ou alors ils doivent être vraiment nombreux. Je me dis que c'est une erreur, que l'image doit faire polémique. Je comprends à cet instant précis que l'image postée quelques heures plus tôt est devenue quelque chose ; quoi, je ne sais pas. Je me méfie. La pression monte d'un cran.

— Euh oui, d'accord.

— Vous êtes d'accord ?

— Euh oui oui, mais je sais pas quoi dire vraiment…

— C'est bien vous qui avez posté l'image « Je suis Charlie », vous êtes bien à l'origine de ce message ?

— Oui.

— Et pourquoi ? Qu'est-ce que vous avez voulu dire ?

— Pourquoi ? Bah je ne sais pas, je pense que c'est parce que je n'ai pas les mots pour décrire ce que je ressens, c'est terrible, j'ai l'impression que c'est un peu moi, un peu à moi aussi que ça arrive, ou peut-être parce que j'ai lu *Où est Charlie ?* avec mon fils hier soir, c'est une forme d'association d'idées j'imagine…

— Ah… *Où est Charlie ?*, le cherche et trouve ?

— Oui voilà, mais c'est surtout un message personnel, quelque chose d'intime, comment dire…

— Ok ok, merci Joachim j'ai ce qu'il me faut.

Il fallait donc qu'elle aille vite, je me suis dit qu'elle avait certainement encore une liste de gens ayant posté des tweets intéressants à interviewer. Capter l'instant, faire vite. Une dépêche AFP sera visible quelques instants plus tard, soulignant que je suis l'auteur du message et que j'ai été inspiré par un petit bonhomme en marinière rouge planqué au milieu d'une foule. J'aurai aimé être ce mec-là à cet instant. C'est pas possible d'être aussi idiot. Avec le recul, j'essaye d'être plus indulgent avec moi-même. J'étais sous le choc, comme tous, on me demandait des explications, d'être rationnel face à quelque chose d'irrationnel. Et tout l'était. L'attaque, le silence, les sirènes, le coup de fil qui me demande pourquoi j'ai créé cette image : irrationnels.

Ce moment, absurde, a aussi sonné pour moi la fin de l'insouciance et le début d'une série de questions auxquelles je n'avais pas de réponses.

Le Monde, le *Daily Mail*, le *Huffington Post*, le *Süddeutsche Zeitung*, *La Repubblica*, les médias internationaux m'appellent tour à tour. Affamés de contenu. Prenez votre ticket, y'en aura pas pour tout le monde et sachez qu'au mieux je n'ai rien à dire, au pire des inepties.

Dans la frénésie et la sidération, j'avoue avoir dit beaucoup de conneries aux médias. J'ai refusé de nombreux appels du pied de la bête médiatique mais quand j'acceptais telle ou telle interview, c'est vrai que j'ai globalement dit n'importe quoi concernant ces mots devenus si rapidement slogan.

J'ai principalement dit ce que je croyais que les journalistes voulaient entendre, essayé de donner une explication plus ou moins rationnelle et immédiate. Dans le désordre j'ai donc dit : que la lecture de *Où est Charlie ?* avec mon fils m'avait inspiré (n'importe quoi) ; que j'avais également pensé à l'expression « Ich bin ein Berliner » de Kennedy (tu te prends pour qui, sérieusement ?) ainsi qu'à la citation du film *Spartacus* de Kubrick, « Je suis Spartacus » (et puis quoi encore ?). Pourquoi avais-je écrit cela ? Pourquoi l'avais-je publié sur les réseaux ? J'essayais de me justifier mais en vérité je n'en savais rien. Me demander d'expliquer mon geste revenait à demander à quelqu'un pourquoi il est droitier ou pourquoi il n'aime pas la sauce gribiche. C'est comme ça, ça ne s'explique pas.

Les jours suivants, les journalistes, mes proches, des gens qui avaient appris que j'étais celui qui se cachait derrière ce slogan, ont continué à me demander pourquoi. Ils attendaient tous une réponse, les yeux écarquillés, comme si, en même temps, j'allais expliquer comment naissent les anguilles (mystère encore inexpliqué à ce jour).

Je savais que c'était positif, que ça avait à voir avec la liberté d'expression, la liberté de la presse, que c'était un geste adressé aux familles des victimes, un signe de deuil. J'en avais un peu pour tout le monde. Je piochais à droite et à gauche. Tout ce qui me semblait cohérent rentrait donc dans la valise à explications plausibles. Et puis il y avait cette formulation un peu légère qui me permettait de me sortir d'affaire en toute circonstance : « C'est un message personnel. » Personne ne pouvait venir me tacler sur ça. On se contentait de me regarder et de se dire certainement, *ah ok un peu léger jeune homme, mais si vous n'avez que ça en stock, on prend parce qu'on n'a rien non plus.*

Très vite il y a eu aussi les recherches de sens un peu trop fouillées, voire paranoïaques.

Dans les jours qui suivirent, un site conspirationniste est allé jusqu'à dire que j'étais le directeur artistique des attentats. La théorie était fumeuse mais en voici l'analyse, fumante.

Le « logo » *Je suis Charlie* a les mêmes codes graphiques que le drapeau de l'État islamique, noir et blanc, comme également l'inscription « Police » visible sur le dos des forces de l'ordre. L'ensemble des éléments graphiques étant trop similaires, je deviens le D.A. d'une étrange organisation regroupant l'État islamique, la police française, les auteurs des attentats et, éventuellement, un soupçon d'une organisation judéo-maçonnique.

La réunion aurait pu se passer ainsi :

— On vous a proposé un café ?

— Oui merci… On se serre la main ? Ah non on fait le signe du triangle avec les doigts. Donc ce n'est pas une blague, c'est vraiment votre signe de ralliement, c'est fou. Eh bien bonjour à tous et merci de me recevoir. Aujourd'hui je vous présente donc mon idée, ma sensation, mon intuition pour l'événement que vous avez planifié pour le 7 janvier. Sans plus attendre regardons… paf, je lance le PowerPoint, désolé j'ai toujours du mal à me connecter avec le vidéoprojecteur et puis pardon de vous le dire mais le fait qu'on soit éclairé à la bougie, ça aide pas des masses. C'est bon ça marche. Non, pardon mauvais fichier, ça c'est pour mon rendez-vous suivant avec les reptiliens qui dominent le monde. Je ne fais pas de politique, je bosse pour tout le monde vous savez. Excusez-moi messieurs, peut-on couper la musique de *Carmina Burana* qui passe en fond s'il vous plaît ? Voilà merci. Mieux non ? Ah voilà le bon document… je double-clique. Je sais jamais comment passer en plein écran. Ah si, la petite icône là, c'est parti…

Désolé je suis un peu stressé pour ne rien vous cacher, et puis pas facile avec vos masques, je vais avoir du mal à voir vos réactions, mais bon je me lance…

Je vois noir, je vois blanc, la dualité, deux forces qui ont du mal à se comprendre, l'affrontement du bien et du mal, ne compliquons pas le message, il y aura déjà beaucoup d'informations à faire passer. Moi je pense qu'il faut rester simple, simple et percutant, vous voyez, du noir, du blanc, de la typo. J'ai tout un plan d'action sur les réseaux sociaux aussi. Oui, je suis à moitié ukrainien mais j'ai des hackers russes qui peuvent me prêter main-forte. Messieurs, si on veut de la viralité il faut voir grand. Les mots ? Quoi *Je suis Charlie* ? Non là c'est un truc qui fait référence à mon passé, j'aime bien faire ça pour mes clients, ça rend la chose personnelle. Il faut pas l'utiliser comme tel parce que c'est trop vague, les gens vont rien comprendre, et puis plus c'est vague plus ça sera sujet à contestation.

— Non non, on aime beaucoup ça.

— Ça mérite d'être un peu musclé non ?

— Non non, franchement ça marche pour nous.

Tout le monde autour de la table ovale se lève comme un seul homme, précis, flippant.

— Eh bien merci monsieur Roncin, que dire à part bravo, on vous rappellera. Nous aimons beaucoup la direction que vous nous avez présentée aujourd'hui. Vous nous envoyez tout ça par mail ?

— Oui très bien !

— Monsieur Roncin, vous n'avez rien oublié ?

— Non j'ai tout, ah mon adaptateur usb, ça coûte 70 € et je le perds tout le temps.

— Non, monsieur Roncin, je vous parlais de l'accord de confidentialité.

— Ah oui je signe où ? Vous avez un stylo ?

— Non, monsieur Roncin ce n'est pas avec de l'encre que vous devez signer.

— Ah oui ? Oh non… Me dites pas que vous allez m'entailler le doigt avec cette magnifique dague incrustée d'une pierre de Lune.

— C'est le rituel, monsieur Roncin.

— C'est très cliché tout ça, vous savez qu'il va falloir se renouveler parce que tout le monde est au courant de vos petits rituels, hein ? Aïe c'est un peu profond quand même. Je signe là ?

— Oui là, tenez, un sparadrap souvenir.

— Merci, ou dois-je dire merci « Big Pharma » (en faisant des guillemets avec mes doigts).

— On ne vous raccompagne pas, vous connaissez le chemin, tunnel tout droit, gauche, droite, là vous continuez tout droit, au bout au niveau du soupirail, poussez la porte et vous sortirez rue de l'Observatoire. Bonne soirée, monsieur Roncin, et à très bientôt.

On pourrait presque croire à cette histoire tant l'absurde est devenu la nouvelle norme. Dans le voyage que je commence en terre d'absurdie, après la folie médiatique qui a essayé de me hisser au rang de « héros » en quelques instants, la cinglerie conspirationniste vient de faire de moi le « D.A. des attentats ». Deux titres dont je ne sais pas quoi faire. La raison voudrait que je m'en foute, mais je suis à vif et chaque événement récent ou à venir mettra un peu plus de sel sur mes plaies.

17 heures

Un autre appel d'un numéro que je ne connais pas. J'hésite à répondre, je sens qu'on va encore me demander pourquoi et comment j'ai fait ça et que je risque de répondre un truc que je vais regretter. Je décroche, fatigué, vidé par ce marathon médiatique improvisé et couplé aux montagnes russes émotionnelles. Cette fois c'est Reporters sans frontières. *On aimerait utiliser l'image Je suis Charlie. C'est possible ?*

C'est pour mettre sur notre site. Je dis quoi ? Oui je dis oui bien sûr, non ?

Durant les heures qui ont suivi les attentats, je suis resté dans les bureaux de la rédaction, vissé derrière mon écran d'ordinateur. À chaque fois que quelqu'un m'appelait, je me relevais un peu sur mon fauteuil pour me tourner vers Aude, la rédactrice en chef, et lui demander s'il fallait que j'accepte telle ou telle demande. J'avais besoin d'elle, j'avais besoin de gens autour de moi, celles et ceux avec qui je partageais ma vie. À la rédaction comme à la maison.

Personne, je crois, n'est préparé à la notoriété, et encore moins quand elle est soudaine, non sollicitée et injustifiée. Personne n'est préparé à voir son téléphone se mettre à sonner sans relâche. Et personne n'est prêt à devoir prendre des positions qu'il n'a même jamais interrogées. Je suis ce gars-là, anonyme et discret, sonné et soudain sommé de dire des choses intelligentes pour apaiser les consciences alors que des hommes et des femmes viennent de mourir et que la nation est en deuil. À la maison, c'est Anne, avec qui je partageais ma vie, qui me guidera. À la rédaction c'est Aude en qui j'avais confiance. J'étais un automate. Pour Reporters sans frontières elle me conseillera de répondre oui.

— Bonjour Joachim, oui nous aimerions utiliser votre création pour notre site.

— Oui bien sûr. Vous avez tout à fait le droit, enfin je crois oui, c'est moi qui l'ai fait donc j'imagine que oui.

— Ok merci.

Reporters sans frontières, l'association qui défend la liberté de la presse, celle des journalistes à travers le monde et conséquemment la liberté d'expression, me demande s'ils peuvent utiliser la phrase que j'ai inscrite sur un écran il y a quelques heures à peine. J'ai peine à y croire.

Mon histoire avec eux ne s'arrêtera pas là, on discutera quelques jours plus tard d'une exploitation bien plus importante du slogan, mais aussi de mon implication au sein de l'association en tant que membre du conseil.

18 heures

Avec la rédaction, on décide naturellement de se joindre au rassemblement place de la République. Tous désemparés, hagards, on sent le besoin de se retrouver. Je prends mon scooter direction République. La nuit est déjà profonde. Je me gare pas loin de la station Arts et Métiers et décide de finir à pied. Je remonte la rue de Turbigo et rejoins mes collègues non loin de la place. Il y a déjà beaucoup de monde. Je retrouve Hugo et Marie de la rédaction, ainsi que d'autres journalistes qu'ils connaissent. Ça se remplit vite. Très vite. Trop de monde. Les gens brandissent des stylos. La place est rapidement bondée. Le foule présente contraste avec un silence improbable. On arrive à rester ensemble mais on est petit à petit poussés vers la rue du Faubourg du Temple. Je vois au loin un immense message lumineux qui flotte au-dessus des têtes. « NOT AFRAID ». Beaucoup de pancartes tenues à bout de bras avec des messages en tout genre, et puis soudain, comme sorti de nulle part, je distingue plusieurs Je suis Charlie. Certains sont dessinés, d'autres affichés sur des téléphones brandis. D'autres encore ont été imprimés sur des feuilles A4.

Hugo me dit : *Alors là, je crois que tu as fait quelque chose.* Je ne comprends pas bien ce qui se passe. Je ressens à ce moment-là un sentiment étrange, un vertige devant ce spectacle : l'infiniment grand rentre en collision avec l'infiniment petit. Je me sens si petit face à tout ça. Je décide de rentrer, la compression des corps dans la foule est intense. Je panique. Je vais m'évanouir. J'ai des sueurs froides, le souffle court, rien ne va. Je laisse échapper un « Laissez-moi passer ! ». Je suis ce fou au centre d'une foule en deuil. Des centaines de paires d'yeux me regardent, effarés. Je monte sur la rambarde d'une bouche de métro, le vide des escaliers est derrière moi. J'avance en crabe le long de la rambarde, les gens en dessous ont peur que je tombe, moi aussi. Au bout de la rambarde, je réintègre la foule, j'ai progressé de cinq mètres. Il n'est pas loin de 21 heures quand je rentre chez moi. J'essaie d'analyser la journée passée : *Charlie*, les morts, les terroristes toujours dans la nature, cette image-message intime qui est maintenant devenue un slogan et depuis peu un signe de ralliement. Les images se bousculent alors que je m'allonge sur mon lit. J'ai, nous avons tous beaucoup de mal à nous endormir cette nuit-là.

Frédéric Boisseau, 42 ans, agent de maintenance

Stéphane Charbonnier, 47 ans, directeur de rédaction à *Charlie Hebdo*

Jean Cabut, 76 ans, dessinateur

Philippe Honoré, 73 ans, dessinateur

Bernard Verlhac, 57 ans, dessinateur

Georges Wolinski, 80 ans, dessinateur

Bernard Maris, 68 ans, économiste et journaliste

Elsa Cayat, 54 ans, psychiatre et psychanalyste

Mustapha Ourrad, 60 ans, correcteur

Michel Renaud, 69 ans, directeur de cabinet à la mairie de Clermont-Ferrand

Franck Brinsolaro, 48 ans, gardien de la paix

Ahmed Merabet, 40 ans, gardien de la paix

Morts-morts

Jeudi 8 janvier 2015

La veille, le président François Hollande, lors de sa prise de parole en fin de journée, a décrété que le 8 janvier serait une journée de deuil national. Je regarde les infos et non seulement on n'a pas retrouvé les terroristes mais on nous informe que Clarissa Jean-Philippe, une fonctionnaire de police, vient d'être tuée à Montrouge. Ces attentats nous ont blessés au plus profond de notre chair. La plaie était grande, elle s'ouvre un peu plus. Le sentiment d'impuissance, lui aussi, grandit.

Je suis Charlie est un message-pansement, un bandage de fortune. Comme d'autres mots entendus, comme d'autres discours, il n'arrivera pas à contenir l'hémorragie. Un message, aussi viral soit-il, n'est rien face à la brutalité du réel. Mes messageries Twitter et Facebook sont en surchauffe. Mon cerveau aussi ; je me suis abstenu de regarder depuis hier. Beaucoup de messages de proches mais aussi de gens que je ne connais pas. Alice, la personne qui s'occupait de moi quand j'avais 4 ans, soit il y a plus de trente-cinq ans, me félicite. Je n'ai pas eu de nouvelles d'elle depuis mon enfance. Je ne sais pas quoi lui répondre, ni à elle ni aux autres. Je suis mal à l'aise de recevoir des félicitations, des bravos, des encouragements alors que je n'ai rien fait, rien voulu, rien anticipé. J'ai beau les lire, y répondre parfois, ça ne s'arrête pas. Les sentiments se bousculent.

Et puis il y a les autres messages, les messages qui désapprouvent, les mots haineux. Je n'en ai pas reçu beaucoup mais suffisamment pour réaliser que ces trois mots cristallisent à eux seuls des sentiments plus vastes que je ne l'imagine. Messages de haine, menaces de mort, je vais devoir apprendre à vivre avec. Me persuader que ce sera passager, qu'il faut faire avec, que rien ne peut m'arriver à moi ni à ma famille. Je n'étais pas préparé à recevoir autant de messages d'amour, encore moins de haine.

J'arrive à la rédaction de *Stylist*. Quelqu'un vient de déposer une grosse enveloppe pour moi à l'accueil. Je suis directeur artistique et occasionnellement journaliste musical pour le magazine en question, rien d'inhabituel à ce que je reçoive des enveloppes remplies de CD pour en faire des chroniques. Mais celle-là est étonnante. Trois sceaux de cire cachettent l'enveloppe. Pas méfiant, je décachette en pensant à une coquetterie artistique. Certainement un groupe de rock médiéval. Une tendance musicale de niche, mais il en faut pour tous les goûts. Je ne juge pas, de toute façon je ne chronique que ce que j'aime, car mon travail ne consiste pas à saquer un album qui a certainement été le fruit d'un long processus créatif. Qui suis-je pour juger ?

Je sors de l'enveloppe un paquet de feuilles, des coupures de presse. C'est brouillon, aléatoire mais une inscription manuscrite ressort en gros au milieu d'une feuille libre : « Tu finiras comme les gens de *Charlie.* » De toute évidence ce n'est pas un groupe de rock médiéval.

Je pose délicatement l'ensemble sur le bureau de l'accueil et je regarde ce message pendant quelques secondes. Une lettre de menace tellement caricaturale qu'on dirait un faux, un accessoire pour une série Netflix sur un tueur en série. Qui peut m'en vouloir à ce point ? Je suis inoffensif, je ne suis rien, pourquoi moi ? Je commence à réaliser et je me dis que j'ai laissé mes empreintes partout. Tout ça prend une tournure très *NCIS* tout à coup. J'appelle la police. Je décris la situation.

— Ne touchez à rien, me demande la femme à l'autre bout du fil.

— J'ai ouvert l'enveloppe, madame.

— Mais pourquoi vous avez fait ça ?

— Bah j'ai l'habitude de recevoir des lettres comme ça tous les jours, et puis comment j'aurais su si j'avais pas ouvert ?

— Les trois sceaux ne vous ont pas alerté ?

— Non, à vrai dire je pensais que c'était un groupe de rock médiéval.

— Mais pourquoi un groupe de rock médiéval ferait ça ? Ne bougez pas et encore une fois ne touchez à rien, des collègues arrivent.

Ils ne tardent pas à arriver, c'est vrai.

— Monsieur Roncin ? Où est l'enveloppe ?

Ils enfilent des gants en plastique, ouvrent une mallette par deux pressions simultanées sur la tranche, clac-clac. Tout l'attirail du petit détective, jusqu'à la loupe. De nouvelles questions arrivent tandis qu'ils sortent un sachet de poudre noire et un pinceau d'application.

— Quelqu'un pourrait avoir des raisons de vous en vouloir, monsieur Roncin ?

— Bah disons que je sais pas mais c'est possible. J'ai écrit un truc sur Internet.

— Vous avez insulté quelqu'un ?

— Non, enfin je crois pas, j'ai écrit « Je suis Charlie » donc éventuellement ça vient de là.

— Oui, comme beaucoup, en fait.

— Oui c'est vrai mais en fait c'est moi qui l'ai écrit en premier, et depuis, ça a fait boule de neige…

— Ah oui ? C'est vous ? C'est super ça, bravo hein.

— Euh merci, enfin je veux dire… oui merci.

— Alors oui ça vient forcément de là, forcément. Vous avez vu la personne qui a déposé le pli en question ?

— Non.

Il étale la poudre un peu partout sur l'enveloppe.

— Et vous madame ? (à Agathe la fille de l'accueil.)

— Oui bien sûr, elle a sonné, j'ai ouvert et elle me l'a donné en main propre.

— Faut pas ouvrir à n'importe qui, madame, vous savez. Surtout en ce moment et puis vous êtes une rédaction, c'est particulièrement sensible. C'était une femme, vous dites ?

— Oui c'était une femme, acquiesce Agathe.

— Pouvez-vous nous la décrire ?

— Elle était forte, disons dans les 1 m 65, un peu sale.

— Sale ?

— Oui, négligée quoi, limite clocharde. Elle sentait fort la sueur aussi.

Muni de ses gants, le policier prend l'enveloppe et la met dans une autre enveloppe.

— Ok très bien, M. Roncin. Rien de très concluant ici, on va l'envoyer au labo pour des analyses plus poussées, rien d'autre à ajouter ?

J'hésite sincèrement à demander si je suis en danger, j'ai peur de la réponse. Peur qu'ils mettent des mots concrets sur une réalité qui est clairement en train de me dépasser.

— Je suis en danger ?

— Disons que c'est sensible, après, vous dire si vous êtes vraiment en danger, je ne pense pas. Vous voulez porter plainte ?

— Porter plainte ? Pour quel motif ?

— Menace par exemple, c'est une menace, vous comprenez ?

— Comme vous me le dites, là oui je comprends.

— Donc ?

— Oui, alors oui, je suppose qu'il faut porter plainte si c'est une menace…

— Ok, alors il va falloir aller au commissariat du 2e, un collègue va prendre votre déposition.

— Ok, je vais faire ça.

— Le plus tôt sera le mieux, M. Roncin, donc aujourd'hui si possible.

— Ok, merci de votre aide.

— Prenez notre numéro de portable si jamais vous avez d'autres problèmes d'ici là.

— D'ici là ? Mais vous m'avez dit que j'étais pas en danger !

— Il est préférable que vous ayez notre numéro, plutôt prévenir que guérir. Si on peut vous aider, on viendra. Allez bonne journée, en espérant qu'on soit jamais amené à se revoir…

Je n'aurai pas besoin de les rappeler. J'irai déposer plainte quelques heures plus tard. Ils ne retrouveront jamais l'autrice de la lettre. Dorénavant, un car de police ainsi que deux policiers feront le pied de grue devant les locaux de la rédaction. Et ce sentiment d'intranquillité ne me lâchera pas alors que je passe chaque jour la porte de l'immeuble, fixant invariablement l'arme semi-automatique des policiers en garde.

> « Si je retournais dans le monde, j'aurais toujours dans ma poche un bilboquet, et j'en jouerais toute la journée pour me dispenser de parler quand je n'aurais rien à dire. »
>
> Jean-Jacques ROUSSEAU

Les journalistes du monde entier essayent par tous les moyens d'entrer en contact avec moi. La bête médiatique est toujours affamée. À partir de maintenant, on peut parler de harcèlement. Je refuse tour à tour la grande majorité et je me demande quand ce cauchemar étrange va finalement s'arrêter.

Quelques heures plus tard, sur des milliers d'ordinateurs : l'image de la main d'un nouveau-né avec écrit Je suis Charlie sur le bracelet fait son apparition. C'est doux. J'ai l'impression de revoir une pub

Cajoline avec le petit ourson trop mignon. Oh, c'est une vidéo en plus. Si ça se trouve, on va voir un flash-mob avec des gens habillés de toutes les couleurs qui font une chorégraphie magique finissant par le bébé porté à bout de bras, l'ensemble des danseurs accroupi autour du divin enfant. Je double-clique. *Un logiciel va être installé sur votre ordinateur.* Un virus. *L'ensemble de vos données sont désormais notre propriété.* Vous pensiez regarder une chorégraphie sucrée avec des chats sous hélium, vous venez de vous faire pirater votre ordinateur. Je suis Charlie s'est répandu comme un virus. Jesuischarlie.exe fut littéralement celui qui allait ravager des centaines de milliers d'ordinateurs. Pouvons-nous faire plus ironique ?

La réalité est beaucoup trop chaotique.

Je regarde le JT de 13 heures de France 2, et au milieu de divers reportages sur la traque des terroristes toujours en fuite, apparaît la photo de mon tweet accompagné de celle de mon visage. Je trouve ça indécent, vulgaire. Oui je sais, j'ai posté une image sur Twitter, qu'est-ce que j'espérais ? Pourquoi poster si je voulais garder ça pour moi seul ? Je n'aurais pas dû le faire, tout simplement. Mais voilà, les infos 7/7, 24 h/24 c'est ça, il faut tout décrypter, même l'inintéressant.

« Joachim Roncin, un graphiste parisien, a créé le slogan maintenant symbole de la France qui résiste », dit la voix off. Je ne me souviens plus vraiment de la suite mais ça brode, ça gratte, ça tire à la ligne pour finalement ne rien raconter. Peut-être parce qu'il n'y a rien à dire. J'imagine facilement la suite. Caméra épaule, micro tendu, on est en bas de chez moi : *Vous le connaissiez ? Vous vous attendiez à ça ? Franchement non c'est incroyable et dire que j'étais son voisin pendant vingt ans, jamais j'aurais pensé qu'il soit capable de faire ca, je le croisais tous les matins, il me souriait, me faisait un signe amical de la main en allant acheter son pain. Rien à dire franchement je comprends pas, on croit connaître les gens et paf... Merci monsieur, eh bien voilà aujourd'hui ce qu'on peut dire sur Joachim Roncin, à savoir pas grand-chose. En direct de Paris, à vous les studios. Merci Paul n'hésitez pas à revenir vers nous si vous avez des informations complémentaires, tout de suite un point météo. Une dépression due à une pression atmosphérique importante va progresser...*

Pardonnez-moi de vous interrompre mais nous avons une réaction en direct du Pakistan, le leader politique Hafiz Saeed proclame « Affirmer être Charlie est une déclaration de guerre contre l'islam ». Une réaction à chaud, monsieur Roncin ? Quoi ? Mais c'est mon enfance dont il est question, je n'ai pas de problème avec l'islam, ni le Pakistan, ni même avec M. Saeed. Nous interrompons une nouvelle fois vos explications, mais là, c'est important on m'informe dans l'oreillette qu'une vidéo avec des personnalités clamant Je suis Charlie vient de nous être communiquée.

Je suis spectateur d'un flot d'images et je suis effaré de constater que je fais désormais partie des infos au côté du désormais slogan, alors que je n'ai rien dit ni fait d'exceptionnel, au fond. Je le pense sincèrement.

D'ailleurs, pourquoi veut-on absolument que je sois sur le devant de la scène ? Ce n'est pas moi qui suis célèbre, c'est le slogan. Moi je suis uniquement celui qui était là au (bon) moment. Celui qui a appuyé sur la touche entrée. La popularité de ces trois mots est uniquement due à ceux qui les ont postés. C'est la foule. Les 4 millions qui étaient dans la rue, ceux qui les ont mis en photo de profil, ceux qui les ont affichés sur leur devanture de magasins, écrits sur le sable, tatoués sur leur épaule. Bref, sans le savoir, j'ai répondu à une demande pressante de mettre des mots sur une volonté commune d'exprimer une colère, une sidération, une conviction, et tant d'autres choses. Quand j'ai écrit ces trois mots, c'étaient juste trois mots qui voulaient dire énormément pour moi, mais quand tout le monde se les est appropriés c'est devenu un slogan, puissant.

Tout le monde est Charlie. Le slogan est un doudou pour certains. Pour d'autres c'est une poupée vaudoue mais c'est à elles, à eux de témoigner, pas à moi. Mon histoire, ma nostalgie, mon intimité n'ont rien à voir là. Certainement victime du syndrome de Stendhal, j'ai l'impression d'être le fils de Saturne peint par Goya.

Clarissa Jean-Philippe, 26 ans, fonctionnaire de police

Morte-morte

Vendredi 9 janvier 2015

Il faut que je prenne du temps pour moi. Je vais aller une dernière fois à la rédaction aujourd'hui. Je vais faire une pause. Je n'arrive plus à me concentrer. La bête médiatique grossit à vue d'œil, tandis que moi, je ne mange plus rien, le stress me remplit.

>>> Tout de suite Paul, pour un flash spécial en direct de la planète Terre.

— *Oui bonjour, excusez-moi d'interrompre une nouvelle fois le récit mais petit point sur les innombrables photos et témoignages que nous recevons du monde entier. Ça ne s'arrête pas, c'est incroyable. Partout. De l'Antarctique aux confins de la Russie en passant par les rues de Rio, sans oublier Times Square ou l'hémicycle du Parlement européen, l'hommage est planétaire. Les gens sont Charlie, à n'en pas douter ! Mais je ne vous cache pas que la colère gronde de l'autre côté, on remarque avec stupéfaction des voix dissidentes. Beaucoup clament ne pas être Charlie.*

— Merci Paul, et, transition parfaite, retrouvons tout de suite monsieur Jean-Marie Le Pen pour une déclaration. Monsieur Le Pen, un commentaire ?

— Je voulais dire que c'est complètement ridicule, tous des charlots, moi je ne suis pas Charlie, je suis Charlie Martel.

— Ok, donc une bien belle référence à Charles Martel qui arrêta les Maures à Poitiers monsieur Le Pen, très bon timing comme d'habitude, et sans transition nous avons Dieudonné en interview exclusive. Monsieur Dieudonné, voulez-vous vous exprimer ?

— Oui tout à fait, eh bien laissez-moi vous dire que moi non plus je ne suis pas Charlie mais en revanche je me sens Charlie Coulibaly.

— Ok, wow, c'est open bar ou quoi ? Ah je suis de nouveau à l'antenne. Quelqu'un d'autre a quelque chose à ajouter ?

— Oui je voulais dire que j'étais Charlie mais…

— Oui mais quoi ?

— Bah franchement je suis Charlie mais ils l'ont bien cherché quand même.

— Bon stop, on a compris ! Merci pour vos témoignages on doit rendre l'antenne, on me dit qu'un homme armé est dans l'Hyper Cacher de la porte de Vincennes.

Le siège durera plus de quatre heures. Le terroriste fera quatre morts. Morts parce que juifs. De l'autre côté, les deux responsables des attentats de *Charlie Hebdo* seront tués au même moment, alors qu'ils s'étaient réfugiés dans une imprimerie de Dammartin-en-Goële. Fin de la traque.

Yohan Cohen, 20 ans, employé de l'Hyper Cacher
Philippe Braham, 45 ans, cadre commercial
François-Michel Saada, 63 ans, retraité
Yoav Hattab, 21 ans, étudiant

Morts-morts

Samedi 10 janvier 2015

Un proche m'envoie la photo d'un enfant syrien coiffé d'un chèche de l'OLP et tenant dans ses mains une pancarte avec l'inscription Je suis Charlie. Plus proche de nous, les panneaux d'information sur l'autoroute affichent « Nous sommes Charlie », et si on pousse le voyage jusqu'à la sortie de La Tremblade, une ville de Charente-Maritime, on pourra alors découvrir une place baptisée Je suis Charlie.

Mon téléphone vibre. Numéro inconnu ; malgré les innombrables appels depuis quelques jours, je décide de répondre. Qu'est-ce que j'espérais de ce coup de fil ?

— Allô ?

De l'autre côté, un homme avec un fort accent slave.

— Bonjour Yoachim, je suis directeur du cabinet du président ukrainien, Petro Porochenko.

Je reste sans voix, enfin non, pas vraiment sans voix, j'ose un « *Dobrijdeyn* » un peu ridicule alors que l'homme de l'autre côté ne me parlait pas du tout en ukrainien, mais je suis un peu fayot au fond de moi, je l'avoue, je suis de ceux qui ne peuvent s'empêcher de balancer un « *Il conto per favore, grazie* » au restaurant italien. Un peu nul, c'est vrai, mais sur le moment j'ai l'impression que je suis original. Ce qui est faux bien évidemment, et donc je me contiens de plus en plus. *Andiamo*, et merde…

— Le président souhaiterait vous rencontrer demain, me dit-il dans un français impeccable.

Calmez-vous tout de suite, les adeptes de théories conspirationnistes, il n'est pas ici question d'un éventuel service secret ukrainien qui aurait trouvé mes coordonnées grâce à un hacker planqué dans l'arrière-boutique d'une supérette de la place Maïdan. Non, non, rien de tout ça. En fait, deux précisions s'imposent pour apporter un peu de contexte à la situation.

Premièrement, je suis à moitié ukrainien par ma mère qui m'a appris la langue quand j'étais enfant.

Deuxièmement, ma sœur travaille avec la communauté ukrainienne de France donc un tel appel, même s'il est étonnant, n'est pas totalement impossible.

Téléphone contre l'oreille, je relativise, fais le lien et continue à écouter monsieur.

— Il vient pour la marche et aimerait vous rencontrer. Il vous recevra demain à 15 heures à l'ambassade d'Ukraine, avenue de Saxe dans le 7e arrondissement.

— Quoi ? Le président souhaite me rencontrer ? À 15 heures ? Désolé, mais je serai à la marche et puis je suis pas sûr de vouloir le rencontrer, moi, le président, en tout cas pas maintenant. Laissez-moi quelques minutes de réflexion. Je peux vous rappeler ?

Pourquoi le président ukrainien souhaite-t-il me rencontrer ? Tout ça est absurde. Le voyage en absurdie continue. Je raccroche et j'appelle ma mère.

— Allô, oui, je sais oui, ta sœur m'a prévenue. Tu lui as dit quoi ?

— Écoute maman, je ne vais pas rencontrer le président ukrainien. Cette histoire n'a rien à voir avec l'Ukraine.

— Je comprends Joachim mais quand même c'est le président, je te passe ton beau-père.

Ma mère s'est séparée de mon père quand j'avais 7 ans et s'est remariée avec Oussama quand j'en ai eu 12, mon beau-père libanais. Le Liban et l'Ukraine sous un même toit. Un couple représentant à lui seul les conflits quotidiennement en une des journaux. Quand la petite histoire rencontre la grande, encore une fois.

— Joachim, me dit mon beau-père avec son fort accent, tu dois rencontrer le président. C'est important. Ce que tu as fait est très important et même si ma religion interdit de représenter le Prophète, je pense que c'est impossible de tuer pour ça. C'est terrible ce qui s'est passé, ils sont fous. Mais ton message est porteur d'espoir pour tellement de monde. Il est important que tu ailles rencontrer le président ukrainien pour expliquer ta démarche, la liberté d'expression, la liberté de la presse, tout ça. On ne refuse pas l'invitation d'un président.

Il a raison, mais plus les jours avancent, plus mon sentiment d'illégitimité est grand. Rencontrer le président ukrainien, répondre à des interviews, accepter les honneurs comme les insultes. Je suis spectateur d'un film rocambolesque sur ma propre histoire, comme si tout ceci ne m'appartenait pas, et je me retrouve une nouvelle fois tiraillé entre être le messager ou l'auteur du message. Être l'étendard ou le porte-étendard. La nuance est grande. Le doute tout autant.

Je rappelle le directeur du cabinet.

— Oui c'est Joachim de nouveau. Merci de votre proposition. Je viendrai mais pas avant 19 heures, je serai à la marche avant.

Silence.

— Yoachim, le président a un emploi du temps extrêmement chargé.

— Oui oui, j'imagine, mais moi je vais marcher entre la République et Nation, donc, si vous voulez, je serai là à 19 heures, mais pas avant.

Silence.

— Sans vouloir être indélicat, pourquoi le président souhaite-t-il me rencontrer ? Non, parce que je ne voudrais pas du tout qu'il communique sur notre rencontre.

Silence.

— Ah oui ? Et je peux vous demander pourquoi ?

Une nouvelle précision, géopolitique celle-là, s'impose pour apporter à nouveau un peu de contexte à la situation.

Depuis 2014, la guerre du Donbass se déroule entre la Russie et l'Ukraine. Un conflit qui aura un écho tout autre en 2022 mais, déjà à l'époque, les répercussions de la place Maïdan, de la Révolution orange sont au cœur des préoccupations ukrainiennes. Loin de moi l'envie de me faire passer pour un spécialiste et de développer les ramifications et le contexte historique de ce conflit. Il me semble néamoins important de préciser que je me méfie de l'opportunisme de la communication politique, et donc ne veux à aucun moment que ce slogan ou moi soyons mêlés à ce qui se passe en Ukraine malgré mes origines. En revanche, j'y vois l'opportunité de parler de la liberté de la presse et de la liberté d'expression dans ce pays. Chacun son agenda…

— *Tak* (oui). Je veux bien rencontrer le président, mais on est d'accord, pas de photos, pas de communiqué sur notre rencontre, si je viens ce n'est pas du tout officiel.

— Bien sûr, vous ne vous inquiétez pas, Yoachim.

Je raccroche. À ce moment-là, j'ai vraiment l'impression d'être un diplomate, en carton oui, qui connaît mal ses sujets c'est une évidence, mais j'ai cette puissante sensation de pouvoir régler des problèmes plus gros que moi. La machine « syndrome de l'imposture » fonctionne à plein régime, pour le coup pleinement justifié, je suis un imposteur qui va essayer de parler de la liberté d'expression dans un ex-pays de l'URSS.

Le président ukrainien veut me rencontrer. Celui-là même qui a négocié quelques jours auparavant un cessez-le-feu dans le Donbass avec Poutine. J'ouvre mon frigo et je mange un yaourt grec. À chaque crise sa solution.

Pour me rassurer j'appelle Christophe Deloire, secrétaire général de Reporters sans frontières, avec qui j'ai eu quelques interactions téléphoniques depuis mercredi.

— J'ai l'occasion de rencontrer le président ukrainien, ouais c'est fou oui. Tu peux me briefer en quelques minutes ? C'est quoi la situation de la liberté de la presse en Ukraine ?

— Ça se dégrade, comme partout, mais le plus gros sujet, c'est la création d'un ministère de l'Information censé « lutter contre la propagande ». On sait ce que ça veut dire, un ministère de l'Information, c'est contrôler les médias. Remettre la politique de l'Information entre les mains du gouvernement constituerait une régression majeure et ouvrirait la voie à de graves dérives. Dans une société démocratique, la régulation des médias n'est pas l'affaire de l'exécutif.

Oui, gros sujet. Je raccroche, j'ai les notes, je suis « briefé ». Ai-je les épaules pour soulever ce problème ? Clairement pas. En l'espace de soixante-douze heures je suis passé de Directeur Artistique à Diplomate Approximatif.

Mon téléphone vibre, on vient de m'envoyer une photo de Times Square : sur les écrans géants du Nasdaq, le slogan illumine la place. Je n'en crois pas mes yeux, je veux confirmer l'info, j'ouvre Google : sur la page d'accueil, en lieu et place du logo généralement au-dessus de la barre de recherche, Je suis Charlie. Il est partout. Il est tard. Anne, ma compagne, s'est endormie, mon fils aussi, je me couche dans la chambre qui sera plus tard celle de ma fille qui n'est pas encore de ce monde absurde.

« Celui qui tue un homme, tue toute l'humanité. »

Coran, sourate 5, verset 32

Dimanche 11 janvier 2015

Je ne me souviens pas trop comment j'étais au réveil du 11 janvier, fatigué émotionnellement, sans doute, mais j'avais aussi le sentiment que j'allais assister à quelque chose de beau, de spectaculaire, évidemment. Ce jour-là, Paris était le centre du monde. Le symbole de la liberté face à la barbarie. Il devait faire froid, il faisait beau, ça je m'en souviens, il faisait très beau même. On a dû prendre un petit déjeuner, j'ai dû boire un café, m'occuper de mon fils, embrasser Anne, on a dû faire tout ça oui, un matin normal, rien de fou. Mon père m'a appelé. Tu vas à la marche j'imagine, oui bien évidemment papa, tu viens avec nous ?

Il est très fier de moi. Il a ce truc, ce truc auquel moi je me refuse. Il est fier que ce soit son fils qui ait créé ce slogan, je le vois dans ses yeux, et me dit bravo mon fils. Ça me gêne qu'il me dise bravo.

On dit bravo pour ta soupe, elle est bonne ta soupe, tu l'as faite avec les légumes de ton jardin, ah oui « bravo » dis donc. « Bravo », quel mot trivial pour une situation si tragique. Et dans mon cas, bravo pour quoi ?

Mais je ne le dis pas à mon père, parce que je ne veux pas le vexer, je vois qu'il est ému. La fierté d'un père envers un fils, quoi de plus normal ? Une fierté un peu débordante quand, dans les mois qui ont suivi les attentats, il aimait à me présenter à qui venait à moins d'un mètre de nous comme Joachim, son fils, c'est lui qui a inventé le slogan Je suis Charlie. Il était fier, voire fan. Gênant mais touchant. Je le savais lorsque je lui ai demandé de venir avec nous à la marche. Garder une distance raisonnable avec la foule pour éviter les moments de gêne allait être compliqué.

On s'est retrouvés pas loin du métro Charonne. Une foule immense. Je n'avais pas pris en compte le bruit. Élément déterminant qui fatalement empêcha mon père, à moitié sourd, de pouvoir s'exprimer librement sur la fierté qu'il portait à son fils. Merci la foule.

Pendant la marche, mon téléphone vibre beaucoup, que des numéros inconnus, je décroche de temps à autre pour me rendre compte à chaque fois qu'il est question d'une demande d'interview, on veut encore connaître ma réaction face à tout ça. Vous êtes l'étendard des résistances face à l'obscurantisme, me dit une journaliste de CNN. Je ne suis rien du tout, madame, et non je ne veux pas participer à un duplex en direct de la place de la Nation. Je ne veux pas qu'on me colle un micro HF, je ne veux pas appuyer sur l'oreillette en grimaçant parce que j'ai du mal à entendre la question du journaliste outre-Atlantique. *But listen you little French croissant, it's CNN you understand, we cover wars all over the world, you created this tweet, you have to say something about it.* Non je ne veux pas de tout ça, encore moins être l'étendard de qui que ce soit, je ne veux pas être dévoré comme un petit croissant.

Mon père, ma compagne, mon fils, un couple d'amis et moi-même avancions donc boulevard Voltaire, et peu importe où nous regardions, Je suis Charlie était là, comme un symbole prônant l'unité nationale. Scotché aux vitrines, affiché sur les abribus et les kiosques à journaux, sur des pancartes, tagué sur les murs, dessiné, imprimé, c'était beaucoup. Des milliers de visages, tous Charlie, solidaires. Tu dois être fier, me dit mon père. Je lui ai répondu que non, pas vraiment. Il n'a pas entendu la réponse, m'a souri et tapé dans le dos. Bravo mon fils.

C'est vrai, je n'ai jamais vraiment su comment me placer par rapport à ce succès. Déjà, peut-on parler de succès quand on a créé un truc qui prend ses racines dans un événement aussi tragique ?

Je m'imagine les corps gisants de chacune des victimes au milieu d'une salle de réunion, l'odeur de la poudre qui vous racle les sinus, un paperboard renversé. Il faudrait être insensible pour ressentir une quelconque fierté à la vue d'un tel spectacle. Je n'en ai pas été témoin mais par respect pour ceux qui l'ont vu, qui l'ont vécu, je ne peux accepter d'effleurer ne serait-ce qu'un seul instant un tel sentiment de fierté.

Je ne suis pas insensible au fait que les gens se sont retrouvés dans ces trois mots, mais la décence me pousse certainement à ne pas en être fier.

Une peur sournoise me traverse quand nous évoluons boulevard Voltaire. Vertige de la masse et appréhension d'un nouvel acte terroriste. On est beaucoup, ça serait un sacré carnage, mais on est beaucoup, alors ça donne de la force. Ensemble on va y arriver, ensemble on se soutient. La solidarité c'est peut-être naïf mais ça réchauffe. Étant en proie à l'agoraphobie entre autres choses, pour une fois, là, petit à petit, je sens que rien ne peut m'arriver. Et puis, c'est étrange d'être au milieu de cette foule qui porte fièrement quelque chose que j'ai fait il y a encore quelques jours, seul dans mon coin, sans penser une seule seconde que ça deviendrait le cri d'une avenue, d'une ville, d'un pays, d'un monde contre le terrorisme. Étrange encore que de voir ces mots flotter dans cette marée humaine, évoluer à leur guise et m'échapper. Je me rends compte jour après jour, et certainement un peu plus ce jour-là, qu'ils ne m'appartiennent plus. Que finalement, ils ne m'ont jamais appartenu. À partir du moment où j'ai appuyé sur le bouton « publier » sur Twitter, Je suis Charlie n'était plus l'expression d'un sentiment personnel, c'était l'expression de chacun. Les gens allaient mettre ce qu'ils voulaient dans ces trois mots. Des sentiments personnels et universels. Pour défendre leurs convictions.

Par cette marche, la France a montré au monde ce qu'elle représente, l'esprit citoyen et républicain, qui ne se laisse pas intimider et ne cède pas à la peur, malgré, pour certains (moi entre autres), une vive appréhension. Elle a fièrement montré ce jour-là, avec son sens civique et la diversité de sa société, qu'elle reste et restera un pilier indispensable de l'Europe. Je me demande alors si le message qu'a envoyé la France au monde ce 11 janvier peut durer. Bien évidemment que non, ça se fracture vite. L'utopie du vivre ensemble est repartie aussi vite qu'elle était apparue. Ce moment de communion qui défendait la liberté d'expression, l'égalité des peuples et la fraternité des religions a vite été remplacé par des débats, des reproches, de vieilles rancunes. L'unité nationale n'aura duré que quelques jours. Déjà ça de pris.

On remontait vers Nation calmement. En tête de cortège les survivants de *Charlie*, quelques mètres plus bas un melting-pot de dirigeants internationaux, bras dessus bras dessous. L'unité toujours. Étonnantes images où se mêlent des leaders en tout genre, dont certains pourtant peu défenseurs de la liberté d'expression et de celle de la presse dans leur propre pays. Une flopée de personnages brocardés chaque semaine dans les colonnes de *Charlie*. Peu importe la critique, l'instant est trop important, en ce jour tout le monde soutient l'esprit *Charlie*, même ceux qui en font souvent la une.

François Hollande viendra saluer la rédaction de *Charlie*. Il prendra Patrick Pelloux dans les bras, une longue étreinte, et comme un signe du ciel, un pigeon viendra s'oublier sur l'épaule du président. Magnifique symbole de l'esprit *Charlie*. Le volatile avait chié sur le Premier des Français. Une couv' de *Charlie Hebdo* IRL. Luz aux premières loges n'en manquera pas une miette, ce qui lui déclenchera un fou rire visiblement libérateur. Pour le symbole, cette fois, je veux bien croire aux signes de l'au-delà.

Nous avons laissé mon père prendre des photos boulevard Voltaire pour retourner chez nous sans oublier d'acheter du pain. Dans la vitrine, des cupcakes, coiffés d'un Je suis Charlie en pâte d'amandes, affichaient aussi leur solidarité. Quelques instants plus tard, on m'enverra un lien vers une application recensant tous les gens qui étaient eux et elles aussi Charlie, une sorte de réseau social appelé logiquement Je suis Charlie avec une carte de tous ceux se déclarant

Charlie mise à jour en temps réel. Fascinant, déroutant.

Il n'était pas loin de 16 heures et j'avais rendez-vous dans trois heures avec le président d'un pays en guerre. Quand tout paraît absurde, est-ce que plus rien ne l'est vraiment ?

18 h 15

Nous habitons au deuxième étage avec vue sur la seconde cour, au fond après l'interphone. Un îlot de calme au milieu de la frénésie parisienne. Le bruit sourd de la place de la Nation fait encore vibrer les fenêtres. Il faut que je me dépêche si je ne veux pas faire attendre le président Porochenko. Le quartier est bouclé, et circuler à scooter risque d'être très compliqué. Après quelques sens interdits et un policier que je convaincs avec mon histoire de rencontre au sommet, j'arrive enfin avenue de Saxe dans le 7e arrondissement de Paris. Contraste étonnant avec ce que je viens de laisser derrière moi, l'avenue est paisible comme une seconde cour intérieure. J'imagine alors les discussions confidentielles qui ont eu lieu le long de cette avenue, à l'ombre des platanes. Peut-être que moi aussi je ferai une petite balade, bras croisés dans le dos, avec le président ukrainien, donnant çà et là un coup de pied dans les gravillons, accompagné d'une ribambelle de gardes du corps se tenant à une distance respectable, le doigt sur l'oreillette au moindre pigeon survolant nos têtes.

À 19 heures, j'entre dans l'ambassade comme dans un moulin. Aucun vigile, porte grande ouverte, je suis étonné qu'une personnalité comme le président soit présent quelque part entre ces murs. J'imaginais, à tort visiblement, que ça serait ultra-sécurisé. Qu'une armée d'agents de sécurité encerclerait l'ambassade. Tout ce qui me fait face, c'était un guéridon avec des fleurs dans le hall d'entrée. Personne… Et puis trois employés qui traversent d'un bureau à l'autre. Personne ne me remarque. Je suis planté là et tout le monde s'en fout. Je tente un « *Dobryvetcher* » (bonsoir) à une personne qui passe devant moi. Nez dans ses dossiers, elle lève la tête, me répond poliment avec un large sourire et continue son chemin. Je fais quoi maintenant ? J'envoie un texto au chef de cabinet. *Je suis là.*

Quelques instants plus tard, le chef de cabinet dont j'ai oublié le nom, disons Sergueï, vient à ma rencontre. Il me demande de le suivre. Un peu anxieux (je suis à un degré de séparation de Poutine quand même), je m'exécute fébrilement. On se retrouve alors tous les deux debout, face à face, dans un petit vestibule où il commence à me « briefer » sur le déroulement de l'entrevue.

— Bon, Yoachim. J'ai bien compris que vous ne voulez pas que l'on fasse de photos pour des raisons de sécurité, mais nous avons pensé que ça serait bien si l'on faisait une photo de vous de dos, serrant la main du président.

— Alors non, pas du tout, Sergueï, je ne crains pas pour ma sécurité, ce n'est pas une histoire de sécurité, c'est que je ne veux pas que le président fasse sa communication avec le slogan. Il est venu aujourd'hui à la marche, il a été vu, on l'a pris en photo, j'aimerais que cette entrevue reste confidentielle s'il vous plaît.

— Mais Yoachim, ce n'est pas du tout ce dont nous avons convenu.

— Sergueï, c'est tout à fait ce que je vous ai précisé hier, et c'est uniquement à cette condition que j'ai accepté de venir. Ça me ferait très plaisir de rencontrer le président, mais si la photo est impérative, alors je préfère repartir.

— MAIS VOUS NE POUVEZ PAS décliner l'invitation, VOUS ÊTES dans l'agenda ! On a déjà déplacé l'horaire pour vous ! Vous allez créer un incident diplomatique si vous refusez le rendez-vous.

— Alors (calmos), merci Sergueï, c'est beaucoup d'honneur, mais je ne suis pas diplomate donc a priori non il n'y aura pas d'incident diplomatique, je peux partir comme je suis arrivé, en coup de vent, vraiment. Les portes sont déjà grandes ouvertes au moindre courant d'air ici, donc ça ne sera pas un souci pour moi.

Sergueï me regarde avec les *otchi tchornye* (yeux noirs) et part. Il me laisse littéralement en plan dans ce petit endroit. Je suis confus. Est-ce terminé ? À peine ai-je le temps de penser à me barrer qu'une femme fait irruption dans la pièce. Svetlana est la responsable de la communication, et Svetlana est devant moi avec un grand sourire tendu.

— Joachim…

Elle a un accent mais prononce bien mon prénom.

— Joachim, je pense qu'il ne faut pas partir. Je pense que c'est important pour vous, et le président serait honoré de vous rencontrer.

— Enchanté Svetlana, pour moi aucun problème, c'est Sergueï qui veut absolument prendre une photo, moi je ne veux pas, vous comprenez ?

— Oui Joachim, bien sûr, je comprends.

— Alors tout va bien Svetlana, non ?

— En fait, le président a très envie de dire sur Twitter qu'il vous a rencontré.

— Oui ça j'ai bien compris et c'est bien ça qui m'embête.

Svetlana me regarde droit dans les yeux, l'ambiance change, comme si les lumières de la pièce se tamisaient et que tout devenait solennel. Elle me dit :

— Joachim, laissez le président tweeter.

Je suis décontenancé, non pas par Svetlana et son regard perçant, mais par cette phrase tellement absurde : « Laissez le président tweeter. »

— Mais il veut tweeter quoi, Svetlana ?

— Il veut juste dire qu'il est content de vous rencontrer et de ce que vous avez fait.

Je ne sais pas si c'est parce que je trouve la situation et la demande tellement ridicules, ou que j'en ai marre d'être dans cette pièce minuscule, mais j'accepte. Svetlana sort du vestibule, victorieuse, en criant :

— *VIN POHODYVSYA* (il a accepté) !

Même si clairement Sergueï doit encore me faire la gueule à l'heure qu'il est, cette tractation fera sans aucun doute jurisprudence et sera étudiée à Sciences Po. Le fameux traité de Saxe.

On me conduit dans une pièce nettement plus grande, le petit salon. Oui, il a beau s'appeler « petit », il est plus grand que le vestibule. Salon style baroque, meublé d'un canapé tout en dorures, de deux fauteuils assortis de part et d'autre, corniches et rosaces détaillées au plafond, ainsi qu'une table basse en marbre avec un centre de table fleuri. Sobre. Je me demande s'il y a un Ikea version baroque pour les ambassades et autres bâtiments officiels. Si ce n'est pas le cas, ça pourrait faire un tabac.

Et là je me retrouve seul à nouveau. Je patiente. Je suis néanmoins étrangement calme, beaucoup plus que lorsque je suis arrivé. Peut-être que tous ces préliminaires m'ont détendu sur le protocole.

J'entends des voix de l'autre côté de la porte. Pas celle par laquelle je suis entré, mais la même à gauche. De toute façon c'est simple, on tracerait une ligne au centre de cette pièce, on la replierait sur elle-même et tout coïnciderait : fauteuils, lampes, guéridons, tout est disposé en symétrie, comme si c'était une demi-pièce se reflétant dans un miroir. Un test de Rorschach grandeur nature. J'ai l'impression de vivre mon propre film depuis quelques jours, alors si le réalisateur a décidé de créer un décor métaphysique, par exemple l'étage 7 et demi du film *Dans la peau de John Malkovich*, ça ne m'étonnerait pas. Je regarde le tapis qui recouvre la moquette et mon esprit continue à creuser cette théorie lorsque le président Petro Porochenko entre dans la pièce, suivi de près par M. l'Ambassadeur Oleh Shamshur ainsi que par le boudeur en chef, Sergueï. Je me lève aussitôt et serre la main de mes hôtes, même celle de Sergueï, ce qui, fatalement, crée un moment de gêne au vu de ce qui s'est passé un peu plus tôt. On échange un rictus et je ne peux m'empêcher de penser qu'il m'en veut. Le président a la poigne ferme, c'est un homme imposant. Mais je m'attendais à plus impressionnant : il est président, d'un pays en guerre qui plus est, et on dirait un vieil oncle qui sent le bortsch. Ma mère l'aurait volontiers comparé à Voiko Ostap (un oncle de la famille). Un costume aussi gris que ses cheveux, une chemise aussi pâle que sa peau et une cravate qui ne me laissera aucun souvenir. Neutre, mais pas politiquement parlant, parce que je sais aussi qu'il est proche du gouvernement russe, donc je ne suis pas hyper à l'aise, d'autant plus que j'espère poser des questions sur l'état de la liberté d'expression dans son pays. C'est la première fois que je me retrouve face à un président, et je veux mettre les pieds dans le plat.

Il m'invite à m'asseoir à ses côtés sur le canapé. Pas la position la plus confortable quand il s'agit de discuter face à face mais bon, il a l'air d'avoir l'habitude.

Pas moi. Je n'ai qu'une fesse posée sur le divan, l'autre dans le vide, la jambe droite pliée, presque à genoux. On va avoir une discussion de biais et pas dans un confort optimum. Nous parlons en ukrainien, ça fait longtemps que je ne le pratique plus, je suis un peu hésitant, mais je le comprends et lui me comprend aussi. Ne vous méprenez pas, c'est une discussion de vingt minutes qui sera essentiellement une succession de poncifs, de biais, une fesse dans le vide, rien de frontal. Cependant il est fier de ces quelques mots, pas exactement comme mon père, mais ça se voit qu'il l'est sincèrement. Et puis, même si la formulation a peut-être été préparée, il me dira quelque chose qui ne me quittera pas.

— Vous savez Yoachim, j'ai appris les attentats sur Internet, les réseaux sociaux, Twitter, tout ça, j'ai vu beaucoup de messages, beaucoup de messages de peur, des déclarations de panique. Vous avez créé un symbole, Yoachim, un message qui montre que vous n'avez pas peur, que vous avez le poing levé haut, vous êtes un cosaque Yoachim.

Cette force employée dans ses propos et cette fibre ukrainienne qui se balade en moi me font vaciller, il m'a cueilli, je suis à mon tour sincèrement ému. Sergueï ne partage pas forcément l'avis du président mais en revanche il a saisi son appareil et prend des clichés depuis deux minutes. Je le regarde discrètement pendant que le président me parle et lui adresse des signes de la main sur le côté, sous ma fesse qui fait écran. Je lui fais les gros yeux quand Porochenko se retourne pour échanger quelques phrases avec l'ambassadeur. Puis le président se retourne vers moi, je sursaute.

— Yoachim, nous pensons, avec l'ambassadeur, que ça serait bien que vous vous revoyiez pour parler de la situation en Ukraine et aussi voir comment vous pourriez nous aider à donner au monde une autre image de notre pays…

Je rappelle à toutes fins utiles qu'il y a encore quelques jours j'étais assis à mon bureau de la rédaction de *Stylist* et que, si quelqu'un m'avait demandé où se trouvait quelque chose, j'aurais certainement fait cette vieille réponse potache, « dans ton cul ». Cela étant rappelé, j'ai donc en face de moi un président d'une nation en guerre qui me demande de l'aider à communiquer sur son pays. Je précise également que ma seule formation géopolitique se résume à des parties de Risk que j'ai souvent perdues. Je suis à deux doigts d'annexer le Kamtchatka avec deux infanteries.

Syndrome de l'imposture :
Expression galvaudée ces derniers temps qu'on pourrait résumer ainsi : crainte de se faire démasquer à tout instant par la moindre personne qui en saurait plus que soi, tout domaine confondu. À savoir vraiment n'importe qui, parce que pas vraiment confiant de son propre savoir.

D'où un besoin constant de se faire rassurer sans cesse, que ce soit au sujet d'une création élaborée comme d'une omelette cuisinée pour ses enfants un dimanche soir. Un syndrome qui a malgré tout un avantage, celui d'empêcher toute prise de volume d'un melon naissant.

— Écoutez, Monsieur le Président, ça serait un honneur.

Oui je dis ça, avec mon syndrome de l'imposture qui, lui, est carrément pété de rire dans un coin de la pièce. Et t'inquiète pas, Sergueï, je ne vous ai pas oubliés non plus, toi et ta petite passion photographique. Silence.

— Très bien, merci d'être venu à nous, Yoachim.

Il se lève, on se lève donc, le président parle discrètement à Sergueï qui lui tend une sorte de plaque en bois que le président me remet à son tour d'une manière beaucoup plus solennelle, une plaque en bois avec un Trisoub métallique dessus, l'emblème de l'Ukraine en bas-relief, ainsi qu'une petite carte de visite dans une enveloppe, sur laquelle je découvrirai plus tard qu'il a inscrit *Je suis Charlie*. Il me tend la plaque de la main gauche, tout en s'avançant pour me serrer la main.

— Yoachim, je suis ravi de vous nommer citoyen d'honneur de la ville de Kiev.

Il tourne la tête vers Sergueï et, réflexe mécanique, je fais de même. Sergueï déclenche l'obturateur. C'est du grand art. Je n'ai pas vu le truc arriver, ils m'ont complètement berné. Protocole ou pas, je ne me démonte pas :

— Sergueï, pardon d'insister mais on est d'accord que cette réunion est privée, on avait dit pas de photos.

Le président m'agrippe l'avant-bras.

— Ne vous inquiétez pas, Yoachim, on a compris, il n'y aura pas de photos, c'est juste un souvenir personnel.

J'imagine alors cette photo trônant sur la cheminée de la datcha du président, à côté de celle où il pose avec Poutine, Hollande, Merkel, Loukachenko, figeant les accords de Minsk. Pour la postérité, au fin fond des Carpates, je côtoie les puissants par photo interposée.

— Prenez rendez-vous avec M. l'Ambassadeur et voyez-vous la semaine prochaine pour discuter.

— Monsieur le Président, avant de partir, j'aimerais vous parler de la situation de la presse en Ukraine.

— Ça serait avec grand plaisir, Yoachim, mais je dois vous quitter, une réunion m'attend, j'étais ravi de vous rencontrer.

Il sort de la pièce. Je perds le territoire du Kamtchatka. Les négociations diplomatiques ne s'apprennent pas du jour au lendemain, a priori. Sergueï, je compte sur vous, les photos c'est que pour la datcha hein ! Nous fixons un rendez-vous pour la semaine suivante avec l'ambassadeur et je repars comme je suis arrivé.

J'ai regardé plusieurs fois le compte Twitter du président ce jour-là. Il n'a posté aucune photo, mais a tweeté :

Пишаюся тим, що сьогодні зустрів Joachim Roncin, творця слогану #jesuischarlie, справжній козак, #славаукраїні

Fier d'avoir rencontré aujourd'hui Joachim Roncin le créateur du slogan #jesuischarlie, un vrai cosaque, #slavaukraini

À toutes fins utiles, une nouvelle définition permettra ici de remettre un peu de contexte à la situation vécue depuis quelques jours.

Absurde (adj. et n.m.) : contraire à la raison, au bon sens, à la logique.

Lundi 12 janvier 2015

Le réflexe matinal consistant à consulter mon téléphone est devenu un peu plus stressant depuis quelques jours. Je sais que ça me fait du mal et que ça alimente un peu plus mes crises d'angoisse mais c'est plus fort que moi, je le fais encore.

Mon inquiétude est rapidement apaisée parce que c'est George que je découvre ce matin-là. Oui, il est question ici de George Clooney, *who else* ?

La cérémonie des Golden Globes a eu lieu la veille. On a l'habitude des déclarations enflammées lors des remises de prix, et vas-y que je dis non à la guerre, à la famine, à la déforestation, que je dénonce à tour de bras tel ou tel dictateur, bref, prendre position est presque devenu un rite de passage. Comme si les personnes sur scène devaient condamner tous les maux du monde pour accepter avec légitimité le prix qu'on leur remet alors. Un trophée bien ridicule face à la barbarie. Pourtant les mots de George me transpercent ce matin-là.

One last thing. Today was an extraordinary day, there were millions of people marching not just in Paris but around the world, and they were Christians, Jews and Muslims and leaders of countries all over the world. They didn't march in protest but they marched in support of the idea that we will not walk in fear, we won't do it, so... Je souis Charley[1].

Je suis fatigué émotionnellement, j'en conviens, mais bordel qu'est-ce qu'il envoie avec son accent quand il balance « Je souis Charley ».

Je me lève dans les vapes et vais me faire un café. Il est fort. Le café. Et George aussi.

Entre autres messages, je reçois d'une connaissance sur Facebook la capture d'image du générique de fin du dernier épisode des *Simpson*, le bébé Maggie brandissant un drapeau sur lequel on peut lire Je suis

1. Une dernière chose. Aujourd'hui est un jour extraordinaire, il y a eu des millions de personnes qui ont marché non seulement à Paris mais dans le monde entier, et c'étaient des chrétiens, des juifs, des musulmans et des dirigeants de pays du monde entier. Ils n'ont pas marché pour protester mais ils ont marché pour soutenir l'idée qu'on ne marchera pas dans la peur, on ne le fera pas, alors... Je souis Charley.

Charlie. La série animée que j'ai tellement regardée a réagi vite, je n'arrive pas à comprendre comment c'est même techniquement possible. Je crois à un *fake*, je fais des recherches et m'aperçois que ce n'est pas le cas. Je suis ce *meme* Homer Joachim Simpson qui, comme l'original, recule dans un bosquet pour y disparaître.

Une autre photo pour le moins étonnante m'est également envoyée. J'y vois mon tweet du 7 janvier encadré dans une lignée d'autres tweets eux-mêmes encadrés. Je ne comprends pas tout de suite. L'interlocuteur me précise qu'il se trouvait dans les locaux du siège de Twitter, où les équipes de la firme ont pour habitude d'encadrer les dix plus grands tweets de leur réseau social. Mon tweet Je suis Charlie, assorti de ma photo de profil, est encadré et placé entre un tweet de Barack Obama et un autre du pape François.

Dois-je vraiment souligner à quel point ce que je viens d'écrire est totalement absurde ?

Les réseaux sociaux ont ça pour eux, ils permettent de parler au monde. Je suis un, face à 7 milliards. Du jour au lendemain je côtoie virtuellement George, Maggie, Barack, François. L'immensité est flippante. Vertige. Je ne veux pas être au milieu de cette foule qui me regarde. J'ai déjà du mal avec les anniversaires, l'idée de me fêter, d'être le centre de l'attention me terrifie, alors m'imaginer sur un mur entre Barack Obama et le pape François face au monde, oui, c'est vertigineux.

Nicolas, alors rédacteur en chef adjoint de l'émission « Le Grand Journal » sur Canal +, me contacte. C'est un copain de longue date, je suis en terrain familier et donc je ne me méfie pas quand je décroche mon téléphone.

— Tu peux venir au « Grand Journal » mardi soir, on fait une émission spéciale *Charlie* pour la sortie du numéro des survivants ?

Tout est intimidant dans cette demande. Je n'ai pas fait de télé, jamais, j'ai peur de me montrer, peur qu'on me juge, peur qu'on se dise que je suis un opportuniste alors que des gens sont morts. Je ne veux pas qu'on puisse s'imaginer une seule seconde que j'aimerais me mettre en avant après un tel événement. Ça serait terriblement indécent. Et puis qu'est-ce que je vais raconter, tu veux que je dise quoi Nico ? J'ai rien à dire moi, je sais pas pourquoi j'ai fait ça, je connais pas les gens de *Charlie*, je lisais pas *Charlie Hebdo*, c'était un écho de mon enfance, une perception rangée dans ma mémoire sensorielle, quelque part entre lobes pariétal et temporal.

— Viens, c'est important ce que tu as fait, ça serait bien de t'avoir sur le plateau avec les survivants.

Les survivants ??? Mais je suis un imposteur, tu comprends ?

— Non Nico, vraiment je pense pas que ce soit ma place.

— Ok ok, j'insiste pas alors.

— Désolé, vraiment, mais en revanche, est-ce que ça serait possible de venir en coulisses, j'aimerais bien les rencontrer, moi, les survivants, ceux qui sont pas morts-morts ?

— Oui, bien sûr, viens.

Je raccroche, je vais devoir essayer de dormir. L'insomnie, alors chose étrangère pour moi, est mon nouveau compagnon de route, avec lequel je vais devoir apprendre à cohabiter.

Depuis mercredi mon esprit est en surchauffe, le sommeil m'échappe. Il y a un big band qui joue du free jazz dans ma tête, et je déteste le free jazz. C'est la quintessence de l'improvisation collective, un chahut de sons censé être une expression esthétique, je n'y vois rien d'esthétique, ça m'agresse. Mon crâne est un amphithéâtre qui accueille ce concert incohérent depuis des jours. Je ne trouve ni la sérénité ni le sommeil : ils sont eux aussi des victimes collatérales des attentats du 7 janvier.

Depuis ces événements, on m'a souvent conseillé d'aller voir un psy, quelqu'un qui pourrait m'aider à calmer la tempête sous mon crâne fatigué. *Joachim, calme-toi, c'est juste trois mots*, me dit Anne. Elle a raison, elle relativise, elle essaie de me tirer au-dessus des nuages pour me faire du bien. Elle essaie mais je n'arriverai pas à lui prendre la main. J'ai essayé de faire le tri, de relativiser aussi, c'était un travail trop fastidieux. J'allais abandonner, après avoir beaucoup tenté. Masochiste, je creuse plus volontiers un trou pour me laisser aller à la torpeur des questions sans réponses plutôt que de me laisser porter par le vent de l'insouciance. Le tunnel allait être sinueux, étroit et plein de démons, mais je devrais l'emprunter seul, sans aide extérieure. Dans le genre « avancez, laissez-moi seul, je vais vous ralentir ».

J'aurais aimé être accompagné mais personne ne pouvait comprendre ce que je ressentais, ressentir ce que je vivais. Enfin, c'est ce que je pensais. Enfermé dans cette certitude, j'allais devoir trouver, seul, les réponses à ces milliers de questions qui, au fil des jours, prenaient volontairement la forme d'angoisses métaphysiques. Dont celle de me sentir douloureusement seul. Et puis, à force d'y être confronté, j'ai compris à quoi cette sensation faisait écho.

En juillet 1984, alors que j'avais 8 ans, ma mère nous emmena avec ma sœur, qui avait cinq ans de plus que moi, dans le sud de la France. Elle avait loué pour quelques semaines une maison de ville sur les hauteurs du Cannet. Dans mon souvenir, une maison qui ressemblait à s'y méprendre à celle du film *Psychose*. J'ai certainement grossi le trait, les années passant. À ma hauteur d'enfant de 8 ans, elle était gigantesque et terrifiante, sombre et habitée par des forces qui ne me rassuraient pas. Un soir, ma mère et une de ses amies nous ont laissés seuls pour aller dîner en ville. Malgré la présence de ma sœur, une solitude effroyable est alors venue me tenir compagnie. J'avais promis de me coucher avant qu'elles ne rentrent mais impossible de fermer l'œil, l'antre était en vie et voulait m'avaler. J'étais glacé, je ne bougeais pas d'un centimètre dans mon lit pour continuer à écouter le vacarme de ses bruits et mieux les appréhender. Essayer d'identifier chaque couic, plic, crac, tic, tic, silence, bam, je sursaute, le volet vient de s'abattre violemment à cause du vent. Les planètes de la terreur se sont alignées pour me faire flipper. Il y a beaucoup de vent qui agite l'arbre surplombant la demeure. Un son strident émane de chaque branche comme autant de mains venant griffer sournoisement le toit. Dario Argento à la réalisation. Un calvaire, un supplice, autant pour moi que pour ma sœur, chacun essayant de gérer la situation de son mieux. C'était la première fois que j'éprouvais cette sensation qui allait revenir de façon régulière, c'était *ma* régulière. Mes premiers pas dans la grande aventure des angoissés. Et pour des raisons évidente de réminiscences persistantes, dorénavant, chaque jour et pendant de longues années, j'allais devoir m'employer à trouver une forme d'apaisement.

Les années passant, à force de conviction et d'évitements (mais surtout en évitant les maisons avec un arbre qui vient gratter), j'ai réussi à prendre de la distance et à relativiser. Mais en janvier 2015 il me restait encore beaucoup de couloirs mentaux à dépoussiérer, de volets à ouvrir, de cris à comprendre. Notamment tous ceux revenus avec ce tweet et la folie qui s'est ensuivie.

Mardi 13 janvier 2015

Ma sensibilité est exacerbée par la frénésie de ces derniers jours, j'ai besoin d'un pilier pour m'ancrer dans un sol qui me semble si friable.

Christophe Deloire, secrétaire général de Reporters sans frontières, est un homme de terrain, il s'implique corps et âme pour défendre la liberté de la presse. Ce qu'on appelle un homme engagé, viscéralement impliqué pour la défense des journalistes dans le monde. Il me téléphone pour savoir comment s'est passée la rencontre avec le président ukrainien et pour évoquer avec moi la possibilité d'exploiter plus largement le slogan Je suis Charlie.

— Bon, je dois t'avouer que Porochenko n'était pas très affable concernant la liberté de la presse mais j'ai rendez-vous la semaine prochaine avec l'ambassadeur, donc, rien n'est perdu. Et puis concernant le slogan, oui, bien évidemment, ça tombe sous le sens que RSF ait les droits d'exploitation.

— Merci Joachim, mais tu as déposé le logo ?

— Ah non, je ne l'ai pas fait. Pourquoi le faire ? Voyons-nous pour en parler. Faisons ça dans quelques jours, si ça te va.

Sur les sites marchands j'ai déjà vu beaucoup de t-shirts imprimés des trois mots. Blancs, noirs, gris, mais aussi des mugs, chaussettes, casquettes, claquettes, porte-clefs, porte-cartes, magnets. Et tous ces sites assurent que l'ensemble des bénéfices sera reversé à *Charlie Hebdo*. Solidarité. Peut-on être si naïf ? L'altruisme existe-t-il ? C'est beau, cet élan de générosité. J'aimerais y croire. C'est vibrant. Ça vibre, Joachim ! Quoi ? Ton téléphone. Je décroche sans regarder.

— Salut Joachim, je suis reporter pour France 2, est-ce qu'il serait possible de faire une interview ? C'est pour alimenter mon reportage, je sors de l'INPI et il y a plus de cent vingt dépôts de marque pour Je suis Charlie dans toutes les catégories, et même quatre demandes dans la catégorie armement.

— Non, je ne vais pas faire l'interview, désolé. Mais cent vingt, vous dites ? Dans l'armement ? Certaines personnes veulent faire de l'argent avec Je suis Charlie ?

— C'est l'idée, oui.

Il faut que j'arrête ça. J'appelle l'Institut national de la propriété industrielle.

— Bonjour et bienvenue à l'INPI… Appuyez sur la touche étoile de votre téléphone… Un conseiller va vous répondre dans quelques instants, veuillez ne pas quitter… Un conseiller va vous répondre dans quelques instants, veuillez ne pas quitter… (musique de Tchaïkovski)… Un conseiller…

— Claire bonjour, en quoi puis-je vous aider ?

— Oui bonjour, alors voilà, c'est pour savoir comment je peux faire pour empêcher un dépôt de marque.

— Je ne comprends pas votre question. Vous voulez déposer une marque ?

— Non, justement, j'aimerais que les gens ne puissent pas la déposer, oui je comprends que ma demande semble bizarre…

— Monsieur, je ne comprends pas ce que vous me demandez. Si vous ne voulez pas que les gens déposent une marque, il faut que vous déposiez vous-même cette marque. Vous comprenez ?

— Oui, je comprends, mais c'est vous qui ne comprenez pas, voyez-vous, je ne veux pas la déposer non plus.

— Franchement, je n'ai pas le temps pour vos blagues, monsieur.

— Non, ce n'est pas une blague, je ne veux pas la déposer et j'aimerais que personne ne puisse la déposer non plus.

— Dites-moi ce que vous ne voulez PAS déposer alors, ça m'aidera peut-être à comprendre.

— Je suis Charlie.

— Le slogan ?

— Oui.

— Ah ok d'accord, je vois. Laissez-moi regarder, un instant s'il vous plaît...

Musique d'attente. *We can be heroes, just for one day... we can be us, just for one day... we can...*

— Monsieur ?

— Oui ?

— Oui, alors c'est compliqué, parce que je vois que vous n'êtes pas le premier à en faire la demande.

— Oui je sais, et c'est exactement pour ça que je vous appelle, cent vingt demandes a priori.

— Cent vingt-quatre.

— Oui, bon, beaucoup quoi, et vous n'en avez accepté aucune ?

— Non, pas pour l'instant, il y a un délai.

— Ça prend combien de temps pour être validé ou non ?

— Ça dépend, ça peut aller vite comme prendre plusieurs jours, il n'y a pas vraiment de règle. Vous voulez déposer Je suis Charlie dans quelle catégorie ?

— Aucune, je ne veux pas le déposer et je ne veux pas qu'on puisse le déposer non plus.

— Mais pourquoi vous nous appelez, alors ?

— En fait, madame, il se trouve que je suis l'auteur de cette phrase et que je n'aimerais pas qu'on puisse s'en servir pour faire de l'argent avec.

— Ah oui ?

— Oui.

— Vraiment ?

— Oui… vous pouvez m'aider ?

— Vous avez un moyen de prouver que vous êtes l'auteur ?

— Oui, enfin, je pense. J'ai posté le message sur Twitter peu de temps après les attentats.

— Comme beaucoup de monde.

— Oui, c'est vrai, mais je suis l'auteur de l'image aussi.

— Ah ok… et vous pouvez le prouver ?

— J'ai le fichier d'origine.

— Ok, donc vous voulez déposer l'image…

— Non… ce sont un message et une image qui ne devraient appartenir à personne. En fait je trouverais ça vraiment odieux que ça devienne une marque.

— Je comprends, monsieur, mais je ne peux pas faire grand-chose pour vous…

Le marketing opportuniste de la douleur est une réalité qui me pète en plein visage. On pourra dorénavant s'accorder sur ma naïveté, mais je ne m'attendais pas à autant de cynisme. Cent vingt-quatre dépôts. C'est beaucoup. Et cela seulement en France. Je serais surpris d'apprendre que c'est également le cas à l'international. Oui ? Ah oui. Au Luxembourg, en Belgique, aux États-Unis également ? Réellement ? L'unité nationale, l'hommage aux victimes, ok, mais si pour certains y a moyen de se faire un peu d'argent au passage, on ne dit pas non.

J'aimerais arrêter l'hémorragie mais j'ai du mal à trouver une solution, je ne sais pas vers qui je dois me tourner. Je m'impatiente. Plus les minutes passent, plus je prends conscience que le message est exploité à mauvais escient. Ça devient urgent, pour moi. Je ne veux pas voir un tote bag avec Je suis Charlie dessus. Il va falloir faire bouger les choses, et vite, du genre j'ai un ami qui connaît un ami qui a un cousin qui connaît un mec qui peut parler à Hollande. Je suis un Diplomate Approximatif depuis quelques jours, donc pourquoi pas, après tout ? En quelques heures, je réussis à avoir le numéro d'Audrey Azoulay, alors encore conseillère Culture de François Hollande, avant de devenir un an plus tard la nouvelle ministre de la Culture qui remplacera Fleur Pellerin.

— Bonjour Mme Azoulay, c'est Joachim Roncin...

— Bonjour.

— Oui, voilà, c'est Marc qui m'a donné vos coordonnées, j'imagine qu'il vous a prévenue de mon appel ?

— Oui, tout à fait, il m'a expliqué pour Je suis Charlie, que puis-je pour vous ?

— Eh bien voilà, un journaliste m'a averti qu'il y avait beaucoup de demandes de dépôt de marque auprès de l'INPI.

— De Je suis Charlie ?

— Oui et, vous comprenez, je n'aimerais pas que cette phrase soit utilisée dans un but commercial.

— Déposez-la vous, non ? Vous en avez la paternité donc vous pouvez tout à fait le faire.

— Oui mais le problème, c'est que je ne veux pas la déposer non plus. Je ne veux pas qu'on puisse penser que je vais en faire quelque chose. Je ne veux pas que ça devienne une marque, en fait. J'aimerais que ça soit à tout le monde et à personne à la fois. Libre.

— Vous avez essayé de contacter l'INPI ?

— Oui, j'en ai parlé à une personne. Elle m'a dit qu'il y avait cent vingt dépôts, mais que ce n'était pas de son ressort.

— Ok, je comprends et je vais voir ce que je peux faire. Cent vingt vous dites ?

— Oui et quatre dans la catégorie armement… donc cent vingt-quatre pour être précis.

— … en armement ?

— Oui voilà.

— Ok, je vous tiens au courant.

Je raccroche, sceptique sur l'avancée de cette histoire. Le gouvernement a de toute évidence beaucoup d'autres choses à faire que de se préoccuper de mon problème de mugs et de magnets. Peut-être aurais-je dû déposer ce slogan pour éviter qu'il ne soit dévoyé, c'est vrai.

Il faut que le sujet du dépôt de marque soit connu. Si l'État ne fait rien, alors peut-être que l'opinion publique fera quelque chose. Je me souviens avoir rencontré un journaliste de Slate qui est maintenant à *Libération*. Je lui explique la situation et il me propose de rédiger une lettre ouverte qui sera publiée le lendemain. Je l'écris dans la foulée.

« Mercredi matin, la fusillade à *Charlie Hebdo* fige toute activité à la rédaction. Sidéré devant mon écran, je dois traduire la foule d'émotions qui m'ébranlent. Meurtri par le fait d'appartenir à un monde où il est possible d'assassiner des hommes pour avoir fait des dessins, j'appose “Je suis” à “Charlie”. Et l'image “Je suis Charlie” est née. Elle est synonyme de “Je suis libre” et de “Je n'ai pas peur”. [...] Des marques et des particuliers me demandent si “Je suis Charlie” peut être utilisé pour des tee-shirts, des affiches, des tasses... c'est un message d'espoir et de liberté. Je tweete : “Le message et l'image sont libres de toute utilisation. En revanche, je regretterai toute utilisation mercantile.” Et je précise, au passage, que la seule commercialisation que je soutienne sera celle des associations que j'aurai choisies. Malgré cela, 124 dépôts auraient été déposés à l'Institut national de la propriété industrielle. C'est pour cette raison qu'aujourd'hui, je m'exprime. Il me semble odieux et incompréhensible qu'on puisse ne serait-ce que penser à transformer un tel message de liberté en marque. »

Le texte sera publié le lendemain, mais avant cela, Mme Azoulay me rappelle.

— Allô, oui c'est Audrey Azoulay.

— Oui, re-bonjour Mme Azoulay.

— Bon j'ai eu le cabinet d'Emmanuel Macron (alors ministre de l'Économie dont l'INPI dépend) et il m'a dit qu'il allait regarder ce qu'il peut faire. Je ne vous garantis rien mais je l'ai prévenu, c'est tout ce que je peux faire.

— Merci, merci beaucoup Mme Azoulay, au revoir.

— Au revoir et bravo.

Bravo… Je raccroche en me disant que ce n'est pas possible, il va falloir que j'accepte que les gens me disent bravo. Il me faut un peu de légèreté. Il y a bien de la légèreté quelque part. Arrête de te prendre au sérieux. Lâche cette gravité qui te plombe, respire, ris. A-t-on le droit de rire ? Pour combien de temps doit-on être grave ? Ils auraient aimé qu'on rigole, non ?

Je me souviens avoir eu la plus grosse crise de fou rire quand je me suis retrouvé dans l'église avec le cercueil de mon frère en face de moi. L'effet pigeon-Hollande, en quelque sorte. Sur le cercueil il y avait un casque de moto avec un autocollant smiley qui disait « *Don't worry be happy* ». L'ironie de ce message me fit rire plus que de raison. Là où d'habitude j'aurais éventuellement souri, j'ai explosé de rire et cela a duré. Je garde de cet instant qui officialise la mort de mon frère un sentiment léger, un smiley, un fou rire et cette phrase, « *Don't worry be happy* ». Je vais avoir du mal à reproduire ce schéma ici, mais je m'y efforce.

19 heures

Je décline mon identité à l'entrée de Canal +, mon angoisse est physique, je peux lui donner un nom, la décrire physiquement tant elle est présente, pesante. Si ça se trouve, les gens de *Charlie* détestent ce slogan. C'est ce que je me dis depuis mercredi. Si ça se trouve, ils trouvent ça complètement con. Si ça se trouve, ils vont me cracher à la gueule. Comment as-tu pu oser te servir de notre nom ! Tu te prends pour qui, Joachim, tu n'es pas Charlie, on ne te connaît pas, tu n'es qu'un poisson pilote qui profite d'une tragédie pour exister, va chier toi et ton slogan tout pourri. Voilà plus ou moins les discussions internes qui s'agitent en moi depuis le 7 janvier. Cette foutue légitimité.

Je regarde, incrédule, l'évolution de ce slogan sans pouvoir la maîtriser, en me disant, minute après minute, que possiblement les principaux concernés, les survivants, les familles des victimes, le détestent de tout leur être. Je préférerais me cacher sous un monticule de détritus parce que c'est ce que je pense être à ce moment-là, un sombre détritus. On me dit que ce que j'ai fait est incroyable, je vois les gens arborer fièrement ce slogan, défiler avec le 11 janvier, et moi j'ai l'impression d'être le pire des imposteurs. Le grand écart émotionnel est immense, ça fait mal, surtout que je ne suis pas souple. Je veux pouvoir moi aussi dire haut et fort que « Je suis Charlie » sans que cela porte à conséquence. J'aimerais pouvoir en profiter pour trouver un sens à mon existence, donner de la profondeur à ce que je fais. Être directeur artistique ne change pas le monde, au mieux il l'embellit. Ce slogan pourrait être une magnifique cause à défendre si je n'étais pas à ce point empêché.

C'est avec tout ce bagage émotionnel que j'ose me pointer devant les locaux de Canal +. Ma fatigue est intense. Arrête de te plaindre, imagine les survivants qui ne sont pas loin, dans les coulisses du « Grand Journal », ce qu'ils éprouvent eux. Je dois être fort, au moins quelques minutes, devant eux. Affronter une fois pour toutes les crachats. Ce sera une humiliation circonscrite. Ça aura lieu dans une loge des coulisses de Canal, personne ne verra. Ils se défouleront sur moi, et au mieux ils ne me verront même pas.

Le bâtiment est terriblement sécurisé, ça non plus je ne m'y attendais pas. Rien à voir avec une ambassade ukrainienne, là on est à la Maison-Blanche le lendemain du 11 septembre. Il faut être sur la liste, je suis sur la liste. Un moment d'humiliation en moins. Vous descendez c'est au -1, plateau A. Je descends les escaliers. The walk of shame. J'ai sur les épaules trois éléphants bien gras. Pas ceux qui ont la peau épaisse de dix centimètres mais une race d'éléphants qui ont la peau fine, transparente, bien dodus, élevés depuis leur plus tendre enfance avec un régime à base de mayonnaise, churros et bière. De la graisse et un peu de houblon, un foie de la taille d'un terrain de foot. Trois éléphants qui n'en ont vraiment rien à foutre de vivre sur ce si petit espace que sont mes épaules, ils sont au contraire très confortables et aimeraient prolonger leur bail. C'est original mais en tant que proprio j'avoue qu'ils commencent à être pesants et gênants.

Nicolas, qui m'a invité dans les coulisses du « Grand Journal », est prévenu de mon arrivée. Il m'accueille dans une tout autre disposition. Souriant, content de me voir. Mais il n'est pas au courant que je m'apprête à me faire casser la gueule par les gens de *Charlie* ? Ou alors c'est pour plus facilement me la faire à l'envers ? Comme quand des mafieux emmènent un collègue en balade et qu'ils reviennent sans lui. Je suis livide. Nicolas me fait une petite accolade amicale, peut-être vérifie-t-il juste si je suis pas équipé d'un micro qui pourrait accuser ceux qui vont me rouer de coups ? Ne nous éternisons pas, il a une émission à faire tourner, les invités sont dans les loges, il va voir s'ils sont ok pour me rencontrer. Faites qu'ils ne soient pas d'accord, s'il vous plaît. En fait non, faites qu'ils soient d'accord, sinon ça voudrait dire qu'ils sont hyper fâchés. Ahhh bordel je sais plus. J'aimerais que ça s'arrête, j'aimerais ne jamais avoir fait ça, c'est pas mon histoire, qu'est-ce que je fous là ?

J'attends comme un enfant, j'ai 5 ans, je veux partir, je vais reprendre les escaliers en sens inverse et disparaître, je vais tout couper, Nicolas va me laisser plusieurs messages sur mon répondeur en me demandant où je suis. Ah bah non il peut pas, ma messagerie est pleine et je fais exprès de ne pas la vider pour ne pas recevoir des nouveaux messages. Alors je vais vider ma messagerie comme ça il pourra m'engueuler d'avoir disparu. En fait, non je ne vais rien faire du tout et juste me casser d'ici, je ne peux pas affronter les survivants de *Charlie*, que ce soit positif ou négatif de toute façon ça sera nul, ça peut être que nul. On va se regarder avec Luz, Zineb, et on va se dire quoi ? Bravo ? Encore ? Je n'y arriverais pas. Putain qu'est-ce que c'est con, bravo. « Je suis de tout cœur avec vous » ? Oui et… Et rien, aucune phrase ne sera à la hauteur. On va juste être debout les uns en face des autres, un verre de vin blanc à la main pour faire baisser la pression, l'autre bras ballant on va se regarder, les mouches vont voler. Elles vont toutes voler autour de moi uniquement parce que je suis un amas de détritus et ils vont bien se foutre de ma gueule. Ils vont bien rigoler, je serai leur crise de fou rire, ça leur fera du bien peut-être, j'aimerais leur faire ce plaisir, qu'ils rigolent, je rigolerai avec eux, histoire de pas perdre la face et puis j'irai pleurer.

J'attends dans le hall en bas, le plateau n'est pas loin, les coulisses non plus, et moi je suis dans le hall à m'imaginer comme un énorme tas de fumier avec les trois éléphants, respectivement, honte, peur et imposture, et les autres qui rigoleront bientôt. C'est mon enterrement.

Une porte s'ouvre, Nicolas me fait signe de venir.

— C'est bon ils sont ok.

— Ah bon ils sont ok ? Et ils ont dit quoi ?

— Rien, juste qu'ils étaient ok.

— Mais l'intonation elle était comment ? Genre « ok » ou « ok » ?

— Genre, ok...

Le ton de Nicolas change, je sens qu'il est saoulé par mes questions.

— Allez viens, suis-moi, ils t'attendent.

Ah ils m'attendent, carrément ! Ils ont des fouets et des poings américains c'est sûr. Ils vont y aller tour à tour comme dans un match de catch. Debout sur la quatrième corde, ils se jetteront de tout leur poids sur moi. J'espère juste qu'il n'y a pas de chaise pliante parce qu'en général ça se finit toujours avec une chaise pliante du public dans la tronche. Après, l'arbitre tapera trois fois au sol et ça sera terminé.

Tenez-vous bien, les éléphants, on se déplace, vous inquiétez pas, vous pesez une tonne, je vais avancer lentement. Je rentre dans la grande loge. Luz est assis dans un canapé aux côtés de sa femme, Zineb El Rhazoui est debout près d'eux, ainsi que Gérard Biard et Éric Portheault qui me font face. Pas d'arbitre, pas de ring, pas de chaises pliantes.

Je tente un :

— Bonsoir, enchanté, Joachim.

Putain ce que c'est niais, je tremble, je répète en tendant la main à Luz, *Salut, Joac...* Luz se lève, vient vers moi et me prend dans ses bras, il me serre fort, très fort, en me chuchotant *Merci, merci, merci Joachim, tu sais, ce que tu as fait est incroyable... Je pense qu'il n'y aurait pas eu autant de monde dimanche à la marche si tu n'avais pas fait ça, ça se trouve y aurait pas eu de marche du tout.*

Je pleure, il pleure, nous pleurons, vous pleurez, ils pleurent. Le pigeon pleure, et les éléphants pleurent aussi parce qu'ils n'ont plus d'épaules où loger.

Après ça, les quatre fantastiques entrent en scène et, comme prévu, je regarde l'émission avec Nico depuis les loges, confortablement assis dans un fauteuil. Les quatre de *Charlie* entrent sur le plateau, Luz le poing levé avec le numéro des survivants. Le public se lève et applaudit à tout rompre. On ressent le déchirement dans les yeux de chacun, ils sont obligés d'être là, là pour montrer qu'il y a encore de la vie. Le signal est faible mais on a un pouls. Il y a encore quelques jours ils étaient confrontés au sang de leurs amis. Standing ovation. Je ne peux pas m'empêcher d'être gêné par ce spectacle. Le mélange des genres est désagréable, vulgaire, mais je me dis que tout le monde a besoin de se réconforter, même si cela implique que le sang et les larmes se mélangent aux paillettes. Luz ouvre une bouteille de blanc à l'antenne, je souris, j'avais vu juste sur le vin blanc.

Il dira : « Je suis un dessinateur de petits bonhommes, j'ai commencé jeune à dessiner des petits bonhommes, et puis j'essaye de dessiner ce monde bizarre, et le monde est devenu de plus en plus bizarre à tel point qu'on a interdit aux gens de dessiner des petits bonhommes. (...) Dimanche les gens n'ont pas forcément manifesté pour *Charlie Hebdo*, ils ont tous manifesté pour l'esprit de *Charlie Hebdo*. Je suis Charlie c'est pas Je suis *Charlie Hebdo*, c'est Je suis l'esprit de *Charlie Hebdo* et ça, c'est pas uniquement *Charlie Hebdo* qui doit le continuer. »

L'émission se termine, beaucoup de monde dans les loges après. C'est brouillon, bruyant. Je disparais discrètement, je ne le sais pas encore mais je serai amené à revenir ici dans quelques semaines. Je salue les vigiles, je sors. Sourire au coin des lèvres, plus de mouches, plus d'éléphants, je me sens léger et c'est déjà pas mal, j'ai trouvé une carte légitimité qui brille. Une rare.

Mercredi 14 janvier 2015

J'accompagne mon fils à l'école. Léonard a 6 ans et j'aime m'imaginer qu'il ne comprend rien à ce qu'il se passe. J'aime me dire qu'il est imperméable à tout ce vacarme. Il regarde cette agitation avec ses yeux d'enfant, c'est évident. Je lui parle doucement de ce que l'on vit actuellement. Je lui parle de ces gens qui faisaient des dessins, que les dessins étaient jolis, pleins d'humour. Que ces hommes et ces femmes ne parlaient pas beaucoup mais racontaient beaucoup avec des dessins. Mon explication est enfantine, à sa hauteur. Je lui dis que d'autres gens n'aimaient pas ces dessins et ce qu'ils représentaient alors ils ont décidé de montrer de manière définitive qu'ils n'étaient pas d'accord. Les gens qui dessinaient ne pourront plus le faire. Je lui dis que ça me fait de la peine. Qu'ils n'avaient pas besoin d'utiliser la violence pour dire qu'ils n'étaient pas d'accord. Je lui dis que j'ai fait un message pour raconter ça et que ce message rend heureux d'autres gens. Pour la première fois, malgré le caractère simpliste de ma démonstration, j'ai l'impression d'être juste. Pas beaucoup plus, rien de compliqué. Mon interlocuteur comprend sans juger. Ce n'est pas simple de ne pas entrer dans les détails, pas simple de le protéger. C'est pas simple de ne pas dire des conneries, je ne suis pas Dolto, j'ai certainement dit des choses qui étaient trop ou pas assez mais j'ai dit ce qui me semblait juste. Je ne voulais pas le laisser dans l'obscurité.

À l'école, ils ont dû faire une minute de silence pour les victimes. Sur les chaînes info, on a pu voir que certains ont refusé de se taire, de rendre hommage. Un enfant de 8 ans aurait déclaré en classe ne pas être Charlie. Il sera entendu par la police niçoise pour apologie du terrorisme. Je suis abasourdi par tout ça. Si c'est incompréhensible pour nous, adultes, alors pour mon fils, pour cet enfant niçois, pour les jeunes qui découvrent la violence du monde, tout ça est évidemment absurde. Laissons-les vivre leur innocence le plus longtemps possible. Ces événements grignotent peu à peu leur confiance. L'innocence, n'est-ce pas l'ignorance de la méfiance ?

Des files interminables s'étendent devant les marchands de journaux. Ils ont voulu tuer Charlie mais aujourd'hui, ironie du sort, l'élan solidaire fait place à une frénésie d'achat du journal qui lui sera salvatrice.

Dans les semaines qui ont précédé les attentats, Charb cherchait désespérément des fonds pour garder en vie *Charlie Hebdo*. Il avait notamment créé une cagnotte qui avait récolté 200 000 €. Avant les attentats, *Charlie Hebdo* était sous assistance respiratoire, économiquement mort. Ils auraient donné leur vie pour sauver ce journal. Une semaine après les attentats, plus de 7 millions de numéros seront vendus avec la caricature du Prophète par Luz titrant : « Tout est pardonné ». Il aurait aussi bien pu dire « Vous nous avez sauvés ». Des millions allaient rentrer dans les caisses de l'hebdomadaire, grâce aux ventes exceptionnelles, mais aussi grâce aux dons venant des pouvoirs publics et d'entreprises privées. Peu à peu, *Charlie* blessé revivait.

Jeudi 15 janvier 2015

Cela fait maintenant plusieurs jours que je passe le plus clair de mon temps à refuser la majorité des demandes d'interview. Je ne sais pas trop comment je fais mon choix. Ce qui est sûr, c'est que je ne veux pas répondre pour répondre, dire la même chose toute la journée, tenter d'expliquer un message qui est sorti sans vraiment réfléchir, de manière instinctive. Il va me falloir des années pour comprendre moi-même à quoi je faisais référence. Il est aux alentours de 18 heures, je suis avec mon fils et ma compagne. Mon téléphone vibre.

— Bonjour Joachim, je suis assistant de la rédaction de « RTL matin » avec Yves Calvi. Yves aimerait beaucoup vous avoir à l'antenne demain matin vers 8 h 30.

— Ah oui, enfin non, je ne suis pas sûr, je dois déposer mon fils à l'école demain matin, donc ce sera impossible en fait.

Comment dire sans froisser que je n'ai pas envie. Comment dire que je suis terrorisé à l'idée de devoir m'expliquer sur un sujet si sensible ?

— Vous ne pouvez pas trouver quelqu'un pour l'accompagner ?

Ce n'est pas parce que je ne peux pas, c'est parce que je ne veux pas. Cela fait plus d'une semaine que je fais tout pour en dire le moins possible. Moi aussi j'ai besoin de retrouver une vie normale. On me demande de m'exprimer. Comme si j'avais une réponse. Je sais qu'on a besoin de réponses.

Eh bien, monsieur Calvi et les autres, je n'ai pas de réponse. J'en cherche aussi. Sur tout ce qui vient de se passer et sur tout ce qui m'arrive. Une double interrogation intense. Je cherche de la légèreté quand on me demande de la profondeur.

Je vois bien que dans toute cette agitation on aimerait être éclairé. Certains voient éventuellement en moi une ampoule pour illuminer l'instant. Je ne suis pas une ampoule, mon filament est cassé. Je suis, au mieux, ce sujet original qui permet aux journalistes d'avoir un angle de vue différent sur les attentats.

Et maintenant attardons-nous sur Je suis Charlie, ce slogan que vous avez tous vu, trois mots que Joachim Roncin, directeur artistique parisien, a créés quelques minutes après les attentats… Oui je comprends, ça évitera pendant quelques minutes de parler d'amalgames, de terrorisme, des morts mais moi, vous voyez, j'en ai marre, et vous aussi certainement, j'en ai marre d'être un sujet de conversation. Je n'ai jamais voulu l'être.

— Ok, ok, pas de problème. Je comprends que vous vouliez accompagner votre fils, dans ce cas, on va vous envoyer une voiture pour venir vous récupérer une fois votre fils déposé.

— Non franchement, merci, mais non.

— Un camion dans ce cas.

— Un camion ? Ce n'est pas une histoire de taille de véhicule, je vous assure.

— Non pardon, je me suis mal exprimé, je voulais dire un camion satellite qui permet une liaison parfaite avec le studio, comme ça aucun problème audio, et puis comme ça, vous n'aurez pas besoin de vous déplacer. C'est comme un petit studio mobile, si vous voulez.

J'étais tellement fatigué que, dépité, j'ai dit :

— Ok…

— Ah parfait, quelle est votre adresse ? Ok, très bien il sera en bas de chez vous vers 7 h 45, ça vous laissera le temps d'accompagner votre fils à l'école et de revenir.

— Comment je vais reconnaître le camion ?

— Oh, ne vous inquiétez pas, vous allez le reconnaître…

Vendredi 16 janvier 2015

8 h 05

Comme tous les matins, je sors de chez moi en tenant mon fils par la main. Pile devant la porte de l'immeuble, le camion en question. Plus proche, il aurait été dans mon salon. Rouge vif avec le logo RTL en gros et une antenne satellite énorme plantée sur le toit. Disproportionné ! Un tel déploiement de technologie pour si peu de mots qui vont sortir de ma bouche... Les réponses ne seront pas à la hauteur de la débauche de moyens, je vous préviens. *Oui oui Léonard, il est beau le camion rouge, dépêche-toi on va être en retard.*

Une excroissance rouge en plein milieu de la rue de Montreuil, on ne voyait que ça. La honte ! J'avais honte.

Ce sentiment faisait étrangement écho à celui ressenti, à l'âge de 6 ans, quand ma mère m'avait habillé en costume de flanelle pour aller à l'école et que pendant la journée, n'ayant pas réussi à me retenir, je m'étais fait pipi dessus. Ma mère, n'étant pas de l'école Dolto, était venue me chercher à la sortie et avait décidé de me faire faire le trajet du retour cul nu, sans pantalon. Idée révolutionnaire selon elle. On repassera pour la méthode, mais j'ai eu tellement honte que je n'ai plus jamais fait pipi sur moi. Ce sentiment que tout le monde me regardait alors que j'accompagnais mon fils à l'école était similaire. J'avais l'impression que j'allais devoir me mettre cul nu devant Yves Calvi.

De retour devant mon immeuble, non sans avoir regardé à droite et à gauche de peur qu'on ne me voie, je frappe à la porte du camion. La porte latérale s'ouvre, un type avec un casque audio me dit de rentrer. Ambiance planque de flics dans le camion le plus voyant du monde. Je vérifie une nouvelle fois les alentours, personne, je rentre. L'intérieur n'est que technique, boutons, voyants, un bordel électronique digne d'un cockpit d'avion. C'est donc tout ce bazar qui va permettre à des milliers d'auditeurs d'entendre mes réponses en carton.

— Des millions, monsieur, la matinale d'Yves Calvi est une des plus écoutées en France vous savez, me dit-il en me donnant un casque.

— Ah…

— Ça va être à vous dans 5, 4, parlez bien dans le micro, 2, 1…

— *Tout de suite le choix d'Yves Calvi, ce matin Joachim Roncin, le créateur du slogan Je suis Charlie.*

— Bonjour Joachim Roncin, donc mercredi dernier, quelques instants après les attentats, vous avez créé ce logo.

— Oui c'est exact…

Et puis patati et patata, message personnel, oui c'est fou, oui c'est honteux les dépôts de marque à l'INPI, trois minutes de réponses approximatives pour finir sur, bon merci Joachim Roncin on va vous laisser avec vos émotions et reprendre votre vie de directeur artistique. Victime d'hallucination auditive passagère, j'ai entendu : *c'est bien, vous avez pas fait pipi, vous pouvez remettre votre pantalon, on en a fini avec vous.*

— Merci d'écouter « RTL matin », il est 8 h 33.

« Le spectacle est le mauvais rêve de la société moderne enchaînée, qui n'exprime finalement que son désir de dormir. »

Guy Debord, *La Société du spectacle*

Samedi 17 janvier 2015

Il y a deux jours, on m'a demandé si je voulais participer à une conférence au théâtre des Variétés. La conférence en question, « Reputation War », est consacrée aux enjeux de la gestion de la réputation à l'ère du Web social.

Je demande à ce qu'on n'annonce pas ma venue. Ce n'est pas une coquetterie ou une preuve de fausse humilité de ma part, mais j'ai peur.

Pour la première fois depuis les événements, je vais apparaître publiquement quelque part et j'imagine alors tout un tas de choses. Mon esprit tourne parano. J'anticipe le pire. On a assassiné pour des dessins, alors pourquoi ne pas s'en prendre à celui qui écrit trois mots qui défendent l'idée de pouvoir s'exprimer librement ? Pourquoi pas exprimer librement une fois pour toutes qu'on n'est pas d'accord avec ce slogan en lui balançant un verre d'acide à la gueule ? C'est fou d'imaginer ça, mais je ne sais plus vraiment à quoi m'attendre.

D'accord pas de soucis, vous serez l'invité mystère. J'ai l'impression d'être invité à une soirée loup-garou et que je vais perdre au premier tour.

Et maintenant, merci d'accueillir notre dernier invité. Il a créé un slogan qui le marquera et nous marquera à vie, un slogan qui a connu une viralité sans précédent et qui rendrait jaloux n'importe quel publicitaire, Joachim Roncin. J'entre sur scène non sans émotion, gorge sèche, ébloui par les projecteurs braqués pleins phares sur moi. J'entraperçois un public que j'imagine hostile. Applaudissements. (N'applaudissez pas s'il vous plaît.) C'est improbable pour moi d'être là. Le maître de cérémonie restera sur scène à ma demande pour faire une sorte d'interview live, je ne me sens pas de parler tout seul, impossible.

— Alors Joachim, merci d'être là avec nous pour nous parler de Je suis Charlie.

— Oui, merci à vous de m'avoir invité.

Debout je ne sais pas quoi faire de ma main libre, celle qui ne tient pas le micro. Dois-je la mettre dans ma poche ? Non, trop désinvolte pour un sujet si sensible. Je la laisse ballante comme ça le long de mon corps, ça exprime bien mon désarroi c'est sûr, mais ça fait con aussi, c'est sûr. Mon poing sur la hanche, possible, ça peut faire la blague quelques instants, mais il va falloir alterner, un coup sur la hanche un coup dans la poche arrière de mon jean, voire de temps en temps je me passe la main dans les cheveux. Oui voilà j'ai trouvé ma rythmique, poing-hanche, poche-fesse, main-cheveux. Et on enchaîne. Ne pas hésiter à faire des variantes pour décontenancer celui qui aurait capté la chorégraphie.

Le public, hypnotisé, est à l'écoute. On me demande d'expliquer la viralité, comment j'ai réussi à capter l'attention en si peu de mots. Les spécialistes assis devant moi me demandent comment faire. Je suis à leurs yeux plus spécialiste qu'eux. Rien. Je ne leur apporterai rien. Aucune réponse.

Voilà ce que je retiens de ma première intervention, zéro réponse, un mal de bide sur scène, la peur d'un terroriste éventuel, et un spectacle de ma main gauche. Ce sera la dernière représentation de « Danse pour main gauche et bide en vrac ». Le grand cabaret de l'absurde. Aucun T dans *Télérama*.

Dimanche 18 janvier 2015

Quelques jours auparavant, Frédéric Martel, journaliste de France Culture, me propose cette fois de participer à son émission « Soft Power » en compagnie de Louis Dreyfus, président du directoire du groupe *Le Monde*. Après plusieurs minutes d'hésitation et un Frédéric Martel tres convaincant, j'accepte.

Le journaliste est bienveillant, c'est la première fois que je ne me sens pas pris au piège. Il s'intéresse à mon parcours pour mieux comprendre mon message. Comment j'en suis arrivé à écrire ces trois mots. Il ne me juge pas, me laisse le temps de la réflexion. Il me questionne sur mes influences, mon parcours de directeur artistique. Je ne vais pas le cacher, c'est agréable de parler de ceux qui m'ont inspiré. Je parlerai de mon intérêt pour Robert Crumb, Dee Dee Ramone, l'affichiste Roman Cieslewicz que j'ai croisé quand j'étais étudiant à l'école Penninghen, tout un tas de choses qui me constituent. Grâce à eux j'ai l'impression d'être, pour une fois, un peu légitime. Seul je suis nu, avec ce panthéon je reprends vie, j'ai de la force, j'ai l'impression d'être une armée, prêt à affronter cette notoriété forcée. Une armée inspirante qui m'a certainement amené, elle aussi, à créer Je suis Charlie. Pour la première fois, j'ai l'impression de toucher du doigt le sens originel de cette création.

Dans le film *Magnolia*, le personnage qu'interprète William H. Macy déclare : « On en a fini avec le passé mais le passé n'en a pas fini avec nous. » Comme une évidence, je comprends ici comment chaque élément de notre histoire vient s'imbriquer au fil de notre existence pour constituer un tout, ce que nous sommes, ce que je suis, une armée de dessinateurs, de créateurs qui ensemble, en moi, ont permis d'élaborer ce logo slogan message. Je ne suis plus seul.

« Comme il est étrange qu'en la pratiquant assez systématiquement, toute comédie puisse devenir réalité. »

Franz Kafka

Lundi 19 janvier 2015

Je ne suis pas allé à la rédaction depuis une semaine. Mon cerveau est ailleurs. Je déjeune rapidement, tortilla-œuf-avocat. Plus que quelques heures avant de faire face à une mission d'ampleur, une responsabilité majeure qui exige un engagement total et des compétences spécifiques. Plus que quelques heures pour me mettre vraiment dans la merde.

La semaine dernière, le président ukrainien Porochenko m'a sollicité pour revenir discuter de l'Ukraine avec l'ambassadeur. Ces messieurs souhaiteraient avoir mon point de vue sur la situation ukrainienne et voir comment ils pourraient communiquer autrement sur un pays qui, depuis des décennies, n'est connu qu'à cause des guerres ou parce qu'il est le grenier à blé de l'empire soviétique.

Alors, oui, je suis à moitié ukrainien, mais je suis aussi à moitié au courant de ce qui se passe là-bas. Oui, j'ai écrit un slogan qui a fait le tour du monde malgré moi, mais ça ne fait pas de moi un spécialiste. Tout ça est un concours de circonstances. Là, j'ai peur de dire une vraie connerie. Et si je dis une connerie qui porte à conséquence ? J'imagine déjà la scène…

Monsieur l'Ambassadeur, le vrai problème ce n'est pas la Russie mais l'Espagne. Tout est trop gras là-bas, c'est évident, le taux de cholestérol augmente, les cerveaux sont saturés en graisse, les gens ne réfléchissent plus normalement, bref ça abrutit les masses. Et bientôt ils vont péter les plombs. Possiblement envahir la France à coups de tortilla. Je pense qu'il faut que l'Ukraine arrête d'exporter de l'huile de tournesol en Espagne. Vous voyez ? Enfin c'est mon analyse.

Il est 13 heures, je me prépare pour un rendez-vous fixé une heure plus tard. Comment on s'habille pour un entretien à l'ambassade ? C'est vrai, on sait plus ou moins comment se vêtir pour aller à un mariage, à la plage, mais pour un rendez-vous diplomatique, sans être diplomate, à l'ambassade, comment ? Je prends l'affaire très au sérieux. Je dois donner du crédit à mon discours. Embellir le manque de fond par la forme. Sans trop en faire non plus. Quelle mascarade ! Pantalon en toile, chaussures de ville, chemise et manteau long. Vraiment pas moi, de même que je ne suis pas non plus un fin analyste en géopolitique donc, dans l'incohérence, c'est cohérent. Je prendrai juste un carnet et un stylo. Pour la contenance c'est toujours bien, un carnet. J'y noterai des mots-clefs, peut-être « gravier », au pire je ferai un dessin. Je me regarde dans une glace, je mime la rencontre. Bonjour Monsieur l'Ambassadeur. Merde il s'appelle comment déjà ? On dit « Bonjour Votre Excellence » ? Pourquoi « Votre » Excellence et pas « Notre » Excellence ? Je m'accroche à des détails pour me rassurer. Penser à autre chose. Oleh Shamshur, il s'appelle Oleh Shamshur. Je vais rester sur Monsieur l'Ambassadeur. J'apporte quelque chose ? Dois-je apporter un cadeau protocolaire ? Non, il m'invite à 14 heures, ce n'est pas un horaire pour un cadeau protocolaire. Pour dîner je dis pas. Je serais venu avec des chocolats suisses pour exprimer ma neutralité, blague, clin d'œil diplomatique. Je lisse ma chemise du plat de la main et la rentre un peu plus dans mon pantalon. Je reprends la pose devant la glace, tends la main, Bonjour Monsieur l'Ambassadeur, merci pour votre accueil, haha, je fais mine de rigoler, je m'entraîne au cas où il ferait une blague, c'est bien le rire, ça détend dans n'importe quelle situation, même si on ne comprend pas la blague, il y aura toujours un sourire de courtoisie…

Oui, hahaha, excellent Votre Excellence, je vous suis.

Bon, ça marche plus ou moins ; après tout ce spectacle devant ma glace, il est 13 h 30, je peux y aller.

J'arrive à 14 heures pile devant l'ambassade.

— J'ai rendez-vous avec l'ambassadeur Oleh Shamshur. Oui j'ai rendez-vous. Roncin.

On m'invite à patienter dans une salle. Celle-là même où j'ai rencontré le président. Qu'est-ce que je fous là ? C'est irresponsable. Pourquoi ne pas avoir annulé ? Le jeu diplomatique n'est pas un jeu. Je m'invente une vie qui ne me correspond pas. Pourquoi ne suis-je pas sagement en train de faire un truc que je sais faire, une couverture du magazine *Stylist* par exemple, plutôt que de m'embarquer dans quelque chose qui me dépasse totalement ? J'ai besoin de prouver quoi ? Que ce monde est absurde ? Je crois que je l'ai suffisamment compris à mes dépens. Et si tout simplement je commençais à croire à mon nouveau statut ? Misère. On devient crédible en croyant à sa propre crédibilité. Vraiment ? J'ai surtout l'impression qu'on devient inconsistant sans assurance ni légitimité. Encore une fois, tout ça n'est que forme. À une époque où personne ne sait, celui qui aura le plus d'assurance sera celui qui aura raison et celui qu'on suivra. Un guide. Mais lui-même sait-il toujours ce qu'il fait ? Ne doute-t-il pas à en pleurer chaque nuit ? De la poudre aux yeux pour un public désespérément avide de réponses. On prend n'importe qui, on est tellement paumé que quelqu'un avec un bâton de sourcier pourrait faire l'affaire. J'aurais dû ramasser un bâton devant l'ambassade. Je me ravise aussitôt. Arriver dans une ambassade avec un bâton à la main, panique générale assurée. J'aurais dû inventer une histoire avec un chien imaginaire, ils m'auraient demandé la race, j'aurais bafouillé, ils m'auraient traité de menteur. Ils m'auraient accusé d'être un espion à la solde des Russes, auraient pensé que mon bâton était en fait une arme, pas très sophistiquée soit, mais une arme tout de même. J'aurais fini enfermé au troisième sous-sol, ma vie d'avant m'aurait manqué, tout ça pour un bâton. C'est fou comment l'existence peut prendre une trajectoire surprenante à partir d'un petit rien, un bâton, un gravier, trois mots…

— L'ambassadeur va vous recevoir, troisième étage. Tout droit, escaliers centraux.

Au centre du bâtiment, des escaliers imposants. Je gravis les marches d'un pas lourd, toujours en train d'essayer de me convaincre que je suis crédible. Dégagez, les éléphants, je ne vous donnerai pas les clefs. Plus je monte, plus je suis confiant, et plus je suis confiant, plus je pense que je suis tout à fait à ma place. Calmos l'artiste. C'est quelle porte déjà ?

Je frappe à celle qui me fait face. Une femme m'accueille.

— Bonjour Yoachim, l'ambassadeur arrive dans quelques instants. Asseyez-vous, je vous en prie.

Me voici assis dans une pièce en soupente, sombre, moquette grise. Sans la couleur de nos peaux, je pourrais me croire transporté dans un film en noir et blanc. J'ai chaud, même si nous sommes en janvier et que le thermomètre doit afficher 6 degrés à l'extérieur.

Elle me demande :

— Un verre d'eau ? Un thé, un café ?

— De l'eau, merci.

L'ambassadeur entre. La comédie peut commencer.

— Bonjour Votre Excellence...

Il s'arrête et me regarde intensément une micro-seconde... Merde, j'ai déjà dit une connerie ? Ce n'était pas « Votre », mais « Mon », c'est sûr...

— Ah Yoachim, heureux de vous revoir. Asseyez-vous s'il vous plaît (en me montrant le canapé).

Il s'assoit dans un fauteuil devant moi, la femme dans un autre. Ils me font face, une table basse en marbre gris nous sépare.

— Alors Yoachim, comment s'est passée votre semaine depuis notre dernière rencontre ?

— Bien, merci.

— Avez-vous eu l'occasion de rencontrer le président français ?

— Non.

— Non ?

— Non, et pourquoi finalement ? J'imagine qu'il est bien assez occupé avec tout ce qu'il se passe.

— Oui c'est vrai, Yoachim, mais il aurait pu venir vous voir en scooter vite fait, hahahah.

Je ris par politesse, blague, clin d'œil diplomatique. Verre d'eau.

— Alors Yoachim, comment pensez-vous nous aider ? Vous avez réfléchi à tout ça ?

— Vous aider ?

— Oui, vous le savez certainement, nous sommes mal perçus en Europe. On considère qu'on est pro-russes mais c'est faux. On voudrait adhérer à l'Union européenne, mais ça n'avance pas.

— Oh oui ok, l'Union européenne je comprends, mais en quoi moi je peux vous aider ?

— Une chose à la fois, Yoachim, on parle de communication là, du message à faire passer. Déjà, la perception de notre pays doit changer et nous pensons que vous êtes un bon communicant. J'imagine que vous pouvez tout à fait trouver une petite phrase, une bonne idée pour justement bien communiquer.

— Mmmmm, oui alors oui très bien, même si ce n'est pas mon métier en vrai, je suis graphiste vous savez, mais vous avez certainement raison, il faut que les médias parlent autrement de l'Ukraine. Qu'ils arrêtent de parler de ce pays uniquement sous le prisme de la guerre. C'est pas très vendeur. L'Ukraine, c'est aussi le grenier à blé de l'ex-URSS, c'est ce qu'on nous apprend à l'école. C'est essentiel le blé, pour faire du pain par exemple.

Ils notent sur leurs petits carnets. Et petit à petit je m'enfonce…

— L'Ukraine est un peuple qui travaille la terre, il a besoin de très peu de chose pour être heureux finalement, même si réside en nous le spleen slave si charmant pour des non-Slaves, les Ukrainiens sont travailleurs et heureux avec peu.

Quelle honte. Mon grand-père maternel, qui a fui l'Ukraine pendant la Seconde Guerre mondiale, doit se retourner dans sa tombe. À peine les mots sortent-ils de ma bouche que la honte m'envahit. Tous ces clichés me dégoûtent. Je remplis les vides avec une improvisation embarrassante et médiocre. Mes interlocuteurs notent toujours. Je m'enfonce un peu plus dans les abysses de la honte.

— Ah aussi, figurez-vous que ma mère m'a toujours chanté des chansons ukrainiennes pour me calmer quand j'étais petit. Nous sommes un peuple chanteur, c'est positif un peuple qui chante ! Les armes russes face à un peuple qui chante, c'est une image forte, non ?

Ils notent.

Voilà le genre de conneries que je balance pendant une heure. Et tout ce que je dis est retranscrit sur leur petit carnet. Pas un gravier, mais une tonne de fumier. Si ça se trouve, eux aussi font des dessins. Ils lèvent de temps en temps les yeux vers moi, tantôt pour me regarder avec incrédulité, tantôt pour acquiescer. Ils me posent très peu de questions, je débite pas loin d'une heure de conneries sans avoir besoin de mentionner l'Espagne ou l'huile de tournesol, jusqu'à ce qu'Oleh regarde sa montre et me dise :

— Très bien Yoachim, nous avons l'intention de monter un think tank sur le sujet avec Bernard-Henri

Lévy que vous connaissez certainement. Nous aimerions beaucoup que vous fassiez partie de ce think tank.

Un think tank ? C'est-à-dire ? Ils n'ont rien écouté de ce que je viens de raconter ? Montrez-moi vos carnets ! Ils ont aimé ce que je leur donne au point de me proposer un nouveau rendez-vous ? Un think tank avec Bernard-Henri Lévy, c'est-à-dire ? Moi, seul dans un abri antiatomique avec BHL casque sur la tête, est la première image qui me vient à l'esprit. Pas de pacotille, chemise blanche ouverte, casque en or qui brille, IAM Charlie…

— Oui… Très bien, faisons ça et appelons-nous pour voir comment on peut s'organiser ?

Je me lève, lui tends la main en lui disant : *Merci pour ce moment.* Il rigole à gorge déployée. Blague, clin d'œil diplomatique. Il me tape dans le dos.

— *Dopobachenya* Yoachim.

— Au revoir Monsieur l'Ambassadeur.

Comme je l'espérais, il ne me rappellera pas. Comment pouvait-il en être autrement ? L'ambassadeur m'a démasqué (pas compliqué), mon improvisation était minable (évidemment).

En 2007, Bernard-Henri Lévy a affirmé : « On écrit avec son intelligence et son inconscient. » Dont acte.

Lundi 2 février 2015

Presque un mois que tout me ramène à ce 7 janvier, à ce moment où j'ai appuyé sur la touche entrée de mon ordinateur. Je vais à la rédaction de temps en temps, comme si j'étais en convalescence. La motivation n'est plus là. Mon esprit est ailleurs, mon cerveau dans du formol. C'est compliqué de tenir mon role de directeur artistique dans un tel état.

Anne m'accompagne tant bien que mal. Elle voit que je souffre et je vois qu'elle ne comprend pas pourquoi je me mets dans un tel état. Je me renferme. Je ne danse plus le matin alors que c'est ce qu'elle aimait de moi quand on s'est rencontré. Elle ne m'aime pas comme ça. C'est vrai que je suis un autre. Moi non plus je ne me reconnais plus. Notre couple amorce lentement un chemin qui, malgré la naissance de notre fille quelques mois plus tard, nous sera fatal. Pour l'instant, on continue d'essayer de sauver ce qui reste. De continuer à danser.

Il y a quelques jours, lors de l'anniversaire d'une amie, j'ai été la bête de foire. *Oui c'est lui qui a écrit Je suis Charlie, c'est incroyable, bravo, quel panache.* Oui j'ai des amis qui parlent comme ça. *Racontez-moi comment ça vous est venu, c'est terrible et à la fois incroyable votre histoire, j'aimerais en faire un film, non mais vraiment y a une telle dramaturgie, c'est cinématographique vraiment.* Ah bon, d'accord mais laissez-moi le temps de réfléchir (à la façon dont je vais dire non).

Alors évidemment chaque jour j'y pense parce qu'on m'y force, alors qu'on veut tous effacer ce souvenir insoutenable sans pour autant oublier.

C'est aussi ce jour-là que nous avons décidé de nous rencontrer, Christophe Deloire et moi.

— Viens donc au siège de Reporters sans frontières.

— Avec plaisir, faisons ça.

Depuis un mois j'ai l'impression d'être un autre, d'avoir endossé un costume trop grand pour moi. J'ai envie de porter haut et fort les valeurs de la liberté de la presse et de l'expression, mais je sais aussi que je n'ai pas les armes.

Je me présente à ce rendez-vous sans vraiment savoir à quoi m'attendre.

— Salut Joachim, bienvenue. Bon voilà, c'est chez nous ici. Viens, je te fais visiter. Là, tu as les différents desks qui traitent les situations de chaque pays. Là le Moyen-Orient, là l'Asie, là encore l'Afrique, l'Amérique du Sud, bref le monde entier.

— Et là, c'est des gilets pare-balles ?

— Oui, tu as ici toute la panoplie pour les reporters qui partent en mission. Gilets pare-balles, casques, etc.

La réalité d'un monde en guerre en plein 2e arrondissement de Paris. Il m'accompagne à son bureau.

RSF a une bonne image à l'international. Mais pas des meilleures en France, les prises de position du prédécesseur de Christophe, Robert Ménard, y étant sûrement pour quelque chose. Quand une ONG vit en grande partie grâce aux dons des particuliers, le fait que son ancien secrétaire général prône désormais le grand remplacement, ça ne donne pas hyper envie d'ouvrir son porte-monnaie.

Avec Christophe Deloire, l'histoire est tout autre. C'est un homme brillant et engagé, qui connaît son sujet et qui, depuis 2012, a également pour mission de changer la stratégie de cet organisme et de faire en sorte que ses finances aillent mieux. Un article du *Monde* le surnommera « Redresseur sans frontières ». Il a donc sorti les rames afin que RSF soit valorisé pour ses actions et qu'on arrête de parler de Robert. Pour le coup, à mes yeux, il l'a remplacé, et bien.

— Ce serait bien que tu rejoignes le comité d'administration de RSF.

— Ah oui ? Vraiment ? Mais c'est-à-dire ?

— Les membres du comité changent tous les deux ans. Je pense proposer ta candidature lors du prochain conseil. Il y aura un vote et à partir de là, si tout le monde est d'accord, tu feras partie du conseil. On se réunit tous les mois pour parler des sujets de RSF. Tu y as toute ta place, et ça serait logique avec Je suis Charlie.

— Oui, pourquoi pas.

Je suis étonné qu'il me propose une si grosse mission. Je suis étonné d'avoir accepté avec un tel détachement. Je commence à muer. J'étais, il y a encore si peu de temps, un animal de vase informe qui évoluait péniblement sans prise de position, sans vraiment trouver un sens à mon existence, jouissant gratuitement d'une vie sans heurts. Grâce à trois mots, je peux sortir de cet état lymphatique et défendre une cause qui me tient à cœur. Mon existence va avoir du sens, je vais enfin participer à quelque chose de vraiment beaucoup plus grand que moi. Le pensais-je vraiment ou voulais-je juste m'acheter une crédibilité ? Accepter de faire partie de RSF n'était-il pas un prétexte pour faire la nique à mon syndrome de l'imposture ? J'y voyais en tout cas le moyen d'enfin m'exprimer au nom de quelque chose en quoi je crois, la liberté d'expression. Une thématique avec un peu plus de corps que le seul fait de se justifier sur un slogan et une typo sur fond noir.

— Avec plaisir Christophe, je vais essayer d'être à la hauteur, et j'en profite pour te demander si tu accepterais de m'accompagner à une émission de France 5, « C à vous ». C'est dans deux jours et je me dis que ce serait l'occasion parfaite pour parler de la liberté de la presse.

Je me sentirais nettement plus légitime sur un plateau de télé si j'y allais avec ce but précis. J'ai enfin quelque chose à défendre.

— Oui, bonne idée Joachim, je viens avec plaisir.

En sortant, je recontacte la programmatrice qui m'a fait sa demande à maintes reprises et lui dis que je suis d'accord.

— Je rejoins RSF donc, si ça vous va, je viens avec Christophe Deloire.

— Ah oui bien sûr. On vous attend donc tous les deux dans deux jours.

En raccrochant, je réalise que je vais faire ma première télé. En direct. Tout ce que je vais dire ne pourra être coupé, édité. Les journalistes ne vont pas faire des dessins sur un carnet, les téléspectateurs non plus. Si je dis une connerie, c'est *live*. Je répète, si je dis une connerie, c'est *live* et ça restera, en replay et à l'infini si on veut.

<u>Équation</u>

Caméra + direct + sujet sensible + syndrome de l'imposture = Pression maximum.

Mercredi 4 février 2015

Assis confortablement dans un fauteuil face à un miroir, un bout de Sopalin autour du cou, on me maquille.

— Vous voulez un café, un verre d'eau ?

— Vous n'avez pas un peu d'alcool ?

— Oui on doit avoir ça quelque part, du vin par exemple ?

— Parfait, c'est pour que je me détende. N'hésitez pas à me donner bonne mine. C'est le genre de truc qu'on vous demande tout le temps, non ? Ah non ? Même pas les cernes ? Ah si voilà, je savais que j'avais raison. Alors n'hésitez pas sur les cernes. Oui parce que vous voyez, j'ai du mal à dormir. Et j'ai beau avoir essayé les sachets de thé vert (technique ancestrale vantée par tout un tas d'influenceurs bien-être), les cotons imbibés d'eau de bleuet (conseil prodigué par le site UnJourUnHomme qui me semblait plein de promesses), rien n'y fait, j'ai des poches. Je prends de la mélatonine aussi, mais apparemment, sur moi, ça ne marche pas vraiment...

Invité à l'émission « C à vous » en compagnie de Christophe Deloire, je tente de me détendre. Quand je suis tendu, je parle beaucoup, et souvent pour dire des choses totalement banales. À chaque personne que je croise, j'ai besoin de balancer les pires banalités, au niveau du plancher des vaches. C'est comme dans l'avion, pendant le décollage, il faut que je parle, que je raconte ma vie, que je donne par exemple mon classement des meilleures cacahuètes des compagnies aériennes. Quand je tombe sur une personne encore plus flippée que moi d'être dans une conserve de 50 tonnes à 5 000 mètres du sol, je dis, Non mais vous inquiétez pas, tout va bien se passer, moi aussi j'ai peur mais ça va aller et puis là on a le droit au top 3 des cacahuètes, donc ça va aller.

Comment peut-on croire une seule seconde une personne qui, yeux fermés, ongles plantés dans l'accoudoir, vous dit que tout est ok ?

Ce jour-là, dans les coulisses de « C à vous », panique à bord, je parle sans m'arrêter. Je fais encore des blagues au moment où Patrick Cohen entre dans la loge maquillage. Je suis impressionné par ce journaliste. Il ne doit pas avoir peur dans l'avion lui, c'est sûr. C'est un trait de caractère qui m'impressionne chez quelqu'un, de ne pas avoir peur en avion. Dans l'avion en totale décontraction, il doit lire tous les journaux à la chaîne, puis trois livres et regarder deux films en même temps.

Il passe derrière mon fauteuil sans faire attention à moi, je tente un « bonjour » timide. Il me regarde du coin de l'œil.

— Bonjour, vous êtes ?

Il est glacial.

— Je suis Joachim Roncin, je suis invité pour parler du slogan Je suis Charlie.

Un temps.

— Ah c'est vous…

Et il se barre. Rien d'autre. Il ne sait pas, lui, que je suis actuellement dans une carlingue en feu qui pique vers le sol et que je cherche désespérément un parachute affectif. Il a l'habitude du direct mais moi je suis pétrifié de parler face à des caméras, et Patrick vient de me balancer un « Ah c'est vous » symbole d'une zone de turbulences. Dans quelques minutes, je vais l'avoir en face de moi en direct, devant des caméras, et je l'imagine déjà dire à haute voix « voilà l'autre » suivi d'un « et sinon vous n'en avez pas marre de dire de la merde ? ».

— Votre verre de vin, Joachim. Tout va bien ? Ah bah non, faut pas pleurer, on vient de finir le maquillage. Retenez vos larmes. On va voir vos poches. Les larmes ça fait gonfler les yeux (oui, les tutos m'avaient prévenu). Bon, faut tout recommencer. Doucement, ce n'est pas de l'eau, c'est du vin quand même…

— J'en veux bien un autre, s'il vous plaît.

— Oui, mais ça va être à vous dans cinq minutes.

— Ok, alors oublions le verre de vin, passez-moi le masque à oxygène plutôt.

Retouche poches et on y va.

Christophe et moi attendons derrière une porte vitrée opaque censée représenter l'entrée de l'appartement. À mon signal vous entrez. Signal. On entre. On s'assoit.

— Bonsoir Joachim Roncin, bonsoir Christophe Deloire,

Le bandeau titre « Je suis Charlie, c'est lui », « Ah c'est lui », aurait préféré Patrick. Au fond de sa chaise, les bras croisés, il me fait face. Son langage corporel ne me dit rien qui vaille. Pourquoi il ne m'aime pas ? Enfin ok, je suis à fleur de peau et j'ai pas toutes mes facultés, mais clairement, il ne m'aime pas. A-t-il décelé mon imposture, sait-il que j'ai arrêté d'écouter mes cours d'histoire en 3e et que j'ai eu 7/20 en maths au bac ? C'est donc lui qui va me démasquer ? En direct en plus !

Je réponds à une question d'Anne-Sophie Lapix, j'essaye de m'appliquer, sans jamais quitter du coin de l'œil Patrick qui, d'une manière tout à fait inattendue, vient m'interrompre pour acquiescer à ce que je viens de dire. Patrick, qu'est-ce qu'il se passe Patrick ? Je pensais que tu allais me rouler dessus et en fait non, tu viens de valider ma présence ici. Pardon d'avoir douté de toi, Pat, j'étais fébrile. Merci, grâce à toi je me sens un peu intelligent.

On est sérieux mais ça n'empêche pas quelques sourires. On parle des détournements du slogan plus ou moins heureux. Comme le faux « Je suis Chablis » attribué à Depardieu ainsi que la tentative maladroite des 3 Suisses, « Je (3) Suis(ses) Charlie »...

Et puis Christophe enchaîne avec les thématiques plus sérieuses, la liberté de la presse, les actions de RSF...

— Il est important que la mobilisation ne s'arrête pas le 11 janvier au soir. Que le slogan défende aussi ceux qui ne se sentent pas Charlie.

On évoque les prémices d'une idée que nous avons eue quelques heures plus tôt avec Christophe, à savoir la fondation Je suis Charlie.

Un chef prépare le repas dans la cuisine. Le bruit des casseroles rythme notre conversation. On s'y croirait. Ça sent si bon. Un dîner entre amis sous les projecteurs. Une mise en scène parfaite pour parler d'un monde imparfait. Ce grand écart est terrible. Je joue le jeu. Et puis, comment faire avancer les idées si on reste dans une grotte à pleurer ?

— Merci Joachim Roncin. Merci Christophe Deloire.

Coupure pub. En quittant le plateau, je ne peux m'empêcher de regarder par-dessus mon épaule pour essayer de voir ce que le chef a préparé. Ça mijote, ça fricasse. L'émotion, ça creuse. Au suivant.

Dans les coulisses, on me donnera du démaquillant pour enlever ma bonne mine d'apparat, et je laisserai derrière moi ce décor parfait pour revenir à la réalité.

Après un amerrissage sans trop de dégâts, je nage toujours dans un océan d'absurdie, mais je commence à moins boire la tasse, je crois.

Jeudi 5 février 2015

— Donc tu refuses de faire « Le Grand Journal » mais tu acceptes de faire « C à vous » ?? C'est quand même pas cool, Joachim.

— Nico, je me doutais que tu allais mal le prendre.

— Non je le prends pas mal, mais tu me dis que tu fais pas de télé et je te vois sur « C à vous », donc tu avoueras que ce n'est pas très cohérent comme discours.

— Ahh la cohérence Nico, mais je comprends, tu as raison. La programmatrice de « C à vous » m'a eu à l'usure, et puis j'ai accepté parce que je me suis rapproché de RSF, donc j'ai des choses à défendre maintenant, un truc réel, pas juste une explication de texte sur trois mots. Et puis, y a aussi la fondation Charlie qu'on essaye de mettre en place avec Christophe Deloire.

— Ok, mais vu que tu as fait « C à vous », tu viens au « Grand Journal » ?

— Oui mais avec Christophe Deloire, alors.

— Ok, je vois si ça colle avec le reste de la programmation et je te dis.

— …

— Allô Joachim, oui alors Deloire ça ne va pas être possible parce qu'on a prévu de faire une émission avec Riss, le rédacteur en chef de *Charlie Hebdo*. On pensait t'inviter sans Deloire. Il y a beaucoup à dire avec Riss, on ne veut pas mélanger. Tu viens le 24, ok ?

Mardi 24 février 2015

Je ne suis pas une bête médiatique, loin de là, pas même un têtard, juste un embryon, voilà, un petit truc visqueux imperceptible. Aujourd'hui, je dois participer à la grand-messe de la télévision, à savoir le talk-show le plus prisé de la petite lucarne, autant dire un océan pour l'embryon que je suis. « Le Grand Journal » est un mélange savoureux d'actualité, de pop culture et d'humour. Tout se mélange, on peut parler recettes de cuisine comme BD ou encore remaniement ministériel, personne ne sera choqué de la cohabitation des sujets. Pourquoi pas. J'ai accepté malgré mon angoisse de dire une connerie, amplifiée à la seconde par le fait que je serai sans mon numéro 9, Christophe Deloire. Avoir le secrétaire général de RSF comme « avant-centre » c'est pratique, ça donne de la crédibilité.

Aujourd'hui, et à plus forte raison quand on se présente sur un plateau de télévision, on doit avoir un avis sur tout. Chaque intervenant doit pouvoir donner son opinion aussi bien sur la bouillabaisse que sur le dernier album d'Untel. Les arguments pourront même s'intervertir, personne ne viendra vous contredire. L'important, c'est de remplir, d'en parler, de traiter l'information. Peu importe le mélange des genres. Entre 19 h 30 et 21 heures, entre la poire et le fromage, tu devras tout savoir même si tu ne sais rien. Tu vas tout savoir sur le prochain invité, Joachim Roncin. Voilà ce que je me dis mais également que je ne suis pas un personnage public, enfin si, je le suis, mais à mon corps (visqueux) défendant. Je suis le moins préparé de tous, je joue en nationale et on me demande d'inscrire des buts en Ligue des champions. Cette fois c'est sûr et certain, on va voir que je suis une arnaque et que j'ai deux pieds gauches. Mon avant-centre ne peut plus voler à mon secours. Le sujet est complexe, à tout moment je peux balancer une connerie qui va me propulser dans la stratosphère des phrases mémorablement oubliables mais inoubliables de bêtise de ce siècle. Il y a eu Bruno Vandelli et son « quadricolor parce qu'il y a quatre couleurs primaires » et il y aura Joachim Roncin et sa phrase gênante sur les attentats du 7 janvier. Comment peut-on être si stupide ? J'avais prévenu, j'avais dit que je ne voulais pas en être. Et puis, je n'ai jamais voulu être insultant, je vous assure. Pensant dire une banalité, je vais dire un truc affreux, je le sens. Je m'en apercevrai trop tard, c'est toujours trop tard qu'on s'en rend compte. Autant ne rien dire, alors. Mais alors autant ne pas venir. Trop tard, j'y suis, ma dernière cartouche, ne rien dire, quitte à passer pour un ignorant.

Dans les coulisses, Riss, le fraîchement nommé directeur de la rédaction de *Charlie Hebdo*, est stoïque. Assis à côté d'Anne Hommel, communicante en crise, Riss a le regard lointain. Vidé, asséché. Bois de l'eau, Riss.

Il porte sur lui la mort qu'il a vue en face.

A-t-il toujours été comme ça ? C'est vrai, je ne le connaissais pas avant les attentats. Serait-ce les événements qui l'ont amené à avoir ce masque sur le visage ou c'est plus lointain ?

Je ne peux m'empêcher de l'imaginer enfant. C'est facile, il a une tête d'enfant, une raie au milieu de ses cheveux gris et des yeux tristes. Je l'imagine sans mal en culottes courtes au milieu d'une cour d'école, carnet dans la main, regard mi-triste mi-dur, observant et décryptant la ruche d'élèves qui s'agite autour de lui. Lui, taciturne à toute épreuve, s'exprime à travers son crayon. Tous ses professeurs s'accorderont à dire que Riss est un élève très (trop) discret, voire intimidant pour ses camarades de classe. Il a de temps en temps l'air d'être absent, mais il est furieusement vivant quand il s'agit de dessiner. *Doit faire des efforts pour interagir avec les autres élèves s'il ne veut pas être le dernier sélectionné lors des compositions des équipes de balle au prisonnier*, insistera son prof de gym. *Accepté en classe supérieure.*

Touché au bras droit le 7 janvier, ce qui l'a contraint à dessiner de la main gauche pendant un certain temps, Riss est là, face à moi, sans être là. Il me salue cordialement, sans vraiment me saluer. Ça va être à nous dans quelques instants. Je bois un verre d'eau, j'aimerais lui en proposer un, il faudrait vraiment qu'il s'hydrate, il est mutique. Jamais je ne pourrais demander à quelqu'un qui vient de vivre ce qu'il a vécu de voler à mon secours si je dis une énormité en direct. Il en fera peut-être une caricature la semaine qui suivra notre passage à l'antenne ? Notre histoire commune se résume à cet instant, dans cette loge. La grande histoire est autrement plus intime, mais les événements ont forcé notre rapprochement, ce que nous sommes ici-bas est inexistant, voire nul. Je le sens de tout mon être, je suis son poisson pilote un peu gênant. Il accepte de partager du temps d'antenne avec moi, je me sens redevable. Si je n'étais pas là, ça serait la même chose. Je suis d'accord avec vous Riss, c'est embarrassant que je sois là.

Voilà ce que je vais faire, je vais me taire, en tout cas en dire le moins possible. Tout faire pour éviter le mot de trop, la phrase qui échappe. Je me rassure comme je peux en me disant que depuis quelque temps presque plus personne ne regarde la télé. Non ? C'est l'émission la plus regardée en même temps, ça ne me rassure pas du tout. Les gens sont sur leur téléphone maintenant, ils regardent les meilleurs moments, et plus volontiers les pires sur Twitter. Je ne me rassure pas du tout. Si je ne dis rien, je ne serai pas un « meme » et alors personne ne m'aura vu, je serai inexistant à mon grand plaisir. Mutique.

— Riss, Joachim, c'est à vous juste après la coupure pub, dans trois minutes, vous pouvez vous mettre en place.

Nous nous rapprochons du plateau. Je prends une grande respiration comme un apnéiste qui s'apprête à battre un record du monde.

— Merci d'accueillir le directeur de la rédaction Riss, et le graphiste qui a créé le slogan Je suis Charlie, Joachim Roncin.

D'un geste amical, je propose à Riss de passer devant moi. Peut-être que ce geste fera qu'il m'aimera un peu plus ? Je me rassure. Je retiens toujours ma respiration. Je le laisse passer devant moi, il va sentir que je le respecte. On se rassure comme on peut. Je ne respire toujours pas. On s'assoit côte à côte autour de la grande table du « Grand Journal », je me sens si petit. Le public applaudit à chaque temps mort. Une ponctuation sonore qui est aussi censée rythmer les propos de chacun. Le décalage propos tenus/applaudissements est historique. Je suis une nouvelle fois extrêmement mal à l'aise. Le fait que je sois en train de battre un record d'apnée en direct sans que personne s'en aperçoive y est peut-être pour quelque chose.

Il y a encore peu, je regardais, des coulisses, Luz et les survivants de *Charlie*, et je me disais que tout ce spectacle frisait l'indécence, mais que c'était important de montrer qu'ils étaient encore là, que personne ne mettrait un genou à terre, même après autant de barbarie. Comment y arrivaient-ils ?

Et maintenant je me retrouve de l'autre côté de l'écran, je suis dans l'écran. La rencontre étonnante du syndrome de Stendhal et de celui de l'imposture. Je suis aux premières loges d'un spectacle bien rodé. Feindre de s'amuser, informer mais pas trop pour ne pas faire chier, il faut savoir doser et aussi être léger pour distraire. Absorbé par tout ce qui se passe autour de moi, j'en arrive à penser que je fais partie du public et que je ne suis pas un invité de l'émission, mais vient le moment où le présentateur me pose une question. Et je reprends ma respiration… 6 minutes 38 secondes et 10 centièmes, mesdames et messieurs record du monde battu en direct sur un plateau télé.

— Qu'est-ce qui vous a poussé à écrire Je suis Charlie ?

— C'était avant tout un message personnel.

Je crois entendre dans l'oreillette d'Antoine de Caunes qu'il faut accélérer. Je m'arrête net au milieu d'une phrase. Antoine me regarde, déconcerté, il rebondit, professionnel. Je souris maladroitement, fin. Publicité. Merci, au revoir.

Dimanche 1er mars 2015

L'idée, amorcée il y a quelques semaines avec Christophe Deloire, de créer une fondation pour venir en aide aux dessinateurs du monde entier victimes d'agressions, emprisonnés à tort, et qui aura pour but d'expliquer le dessin de presse, la caricature, le blasphème, le droit au blasphème, commence à germer. J'en reparle à Christophe Deloire, qui est toujours partant. Il me convainc d'en parler également à Richard Malka, l'avocat de *Charlie Hebdo*. On convient de se rencontrer tous les trois dans les bureaux de maître Malka. Un bureau avec beaucoup de BD.

C'est non seulement l'avocat de *Charlie Hebdo*, Clearstream, Dominique Strauss-Khan, mais il est aussi romancier et scénariste de BD. Son éclectisme m'étonne, son sourire me décontenance. Il a la particularité de toujours sourire. J'avais déjà remarqué ce détail quand je l'avais vu en interview dans les heures qui ont suivi les attaques de *Charlie*. Je trouvais ça bizarre. Je trouve toujours ça bizarre. On a dû le lui dire plein de fois. Ça devrait être dans sa fiche Wikipédia tellement c'est une particularité qui le caractérise. Si j'étais son conseiller en communication, je lui conseillerais d'expliquer une fois pour toutes pourquoi il sourit tout le temps, même dans les moments les plus délicats.

Sur son bureau, des tas de dossiers. J'imagine que tous ces dossiers sont hautement confidentiels et que les secrets du Carlton côtoient les enregistrements illicites de Patrick Buisson. Ma petite lubie de fondation doit le faire sourire, c'est sûr.

Après une discussion autour de sa passion pour la BD, je lui explique que j'aimerais créer une fondation, je tente de décrire les contours de cette idée embryonnaire. Il me dit que c'est une bonne idée, que les millions d'euros reçus pour le journal pourraient être récoltés par le biais de la fondation. Rapidement, ça parle dons et défiscalisation, je ne comprends plus grand-chose. Les sommes sont astronomiques, l'argent a afflué de partout et je ne suis pas sûr que mon idée de base concernant cette fondation soit partagée par tous. Je vois que c'est (~~très~~, trop) compliqué. À peine la discussion commencée, je suis de moins en moins confiant que la fondation puisse un jour exister.

Je vais essayer malgré tout de faire avancer les

choses, à mon niveau. Je me dis que créer l'adresse internet de la fondation serait déjà un bon début. Histoire que ça existe, que ça devienne concret.

La première étape de la création d'un site internet, c'est de voir si le nom de domaine est libre d'utilisation. Personne n'a créé l'adresse fondationjesuischarlie.org, c'est sûr.

Après une recherche sommaire, à mon grand étonnement, elle existe déjà. Ok. Surprenant, mais possible qu'il soit question ici d'une fondation dont le but est de faire vivre l'esprit de *Charlie*. Quelqu'un qui aurait eu la même idée que moi ? Pourquoi pas. L'événement a été un cataclysme, il serait donc logique que quelqu'un y ait pensé. L'adresse existe mais le contenu est vierge, excepté un lien qui me dirige vers vamosalaplaya13.org et un lien contact. J'envoie un mail.

Objet : Fondation Je suis Charlie

> Bonjour,

Je suis à l'origine du slogan Je suis Charlie, et je souhaiterais créer l'adresse fondationjesuischarlie.org. En tapant l'adresse cela me renvoie à l'URL Vamosalaplaya13.org, je ne comprends pas pourquoi d'ailleurs.

Merci de me recontacter si vous en êtes le propriétaire.

Joachim Roncin

Objet : Rep Fondation Je suis Charlie

> Bonjour M. Roncin

Oui, je suis propriétaire de cette adresse que j'ai créée à la suite des attentats du 7 janvier et je suis disposé à écouter votre proposition.

vamosalaplaya13

Objet : Rep Rep Fondation Je suis Charlie

> Enchanté. Qu'entendez-vous par « proposition » ? Aux côtés de Reporters sans frontières, ainsi que bon nombre d'éditeurs de presse, notre ambition est de créer une Fondation qui défend la liberté d'expression, et viendra en aide aux dessinateurs en danger...

Cordialement

Joachim R

Objet : Rep Rep Rep Fondation Je suis Charlie

> Oui ok, je vous propose de me racheter l'adresse pour la somme de 5 000 €

vamosalaplaya13

Objet : Rep Rep Rep Rep Fondation Je suis Charlie

> Monsieur je n'ai pas les mots pour qualifier votre démarche...

J

Objet : Rep Rep Rep Rep Rep Fondation Je suis Charlie

> Vous allez trop vite dans votre analyse. J'aurais été tellement heureux de pouvoir vous offrir ma bonne idée. Mais

dans ma vie actuelle, être opportuniste est devenu obligatoire. Vous ne connaissez pas ma vie et les difficultés que je traverse. Je me suis fait licencier de la société de piscine pour laquelle je travaillais depuis 6 ans. Sans motif réel. Je vais les poursuivre aux prud'hommes pour licenciement abusif. Mais entre-temps j'ai besoin de faire vivre ma petite famille, je suis papa depuis quelques mois. J'ai vu que le marché de la revente d'adresse internet était un truc. J'ai donc déposé ces noms de domaines car je me doutais qu'une fondation pour l'action que vous menez serait lancée. Ça permet de faire de l'argent rapidement et vu que Charlie a généré beaucoup d'argent je me disais que 5 000 €, c'était une goutte d'eau. Voici toutes les versions déposées :

Fondationjesuischarlie.com/fondation-jesuischarlie.com/fondation-jesuischarlie.fr/fondationjesuischarlie.fr/fondationjesuischarlie.org/fondation-jesuischarlie.org

Par ailleurs, il y a des sociétés spécialisées dans l'achat des noms de domaines et qui vous obligent à payer le prix fort pour pouvoir récupérer le meilleur nom pour un site. Mon action, faite au tout début de Je suis Charlie, a sûrement évité que cela soit le cas et vous permet aujourd'hui d'obtenir ce que vous avez oublié de faire aux meilleures conditions.

vamosalaplaya13

Objet : Rep Rep Rep Rep Rep Rep Fondation Je suis Charlie

> « Bonne idée » !? Laquelle au juste ? Celle de déposer un nom de domaine qui a pour but de défendre la

liberté d'expression, pour vous faire de l'argent ? N'avez-vous donc aucune dignité ? J'avoue que le cynisme de votre démarche est en tout point stupéfiant. Gardez bien précieusement vos noms de domaines acquis à la sueur de votre front, nous ne débourserons jamais aucun centime pour vous les racheter, et personne ne le fera. Je me demande ce que vous allez bien pouvoir en faire maintenant.

Objet : Rep Rep Rep Rep Rep Rep Rep Fondation Je suis Charlie

J'ai décidé tout compte fait d'aider les causes qui me tiennent à cœur… et vous transmettre tous les noms de domaine que j'ai déposés sans contrepartie… j'ai tenté d'être un homme que je ne suis pas, cela ne me correspond pas ! Je vais donc continuer à ramer pour faire avancer ma cause à moi qui est celle de l'écologie mais avec le cœur léger.

vamosalaplaya13

Objet : Rep Rep Rep Rep Rep Rep Rep Rep Fondation Je suis Charlie

Allez à la plage vous mettre la tête dans le sable et tournez la langue sept fois dans le trou avant d'avoir une autre idée comme celle-là.

Dans les semaines qui suivront, je serai amené à participer à une réunion au ministère de la Culture avec un médiateur qui tentera de mettre de l'ordre dans les relations entre les familles des victimes, les journalistes de *Charlie*, et où il sera aussi question de la fondation. Je comprends alors que tout l'argent qui est en jeu a généré des tensions qui me dépassent. Je me sens comme une boule de flipper, roulant au milieu d'un champ de ruines. Je pense qu'il serait important que tu sois le président de la fondation, me dit Richard Malka. Son sourire est encore là, mais là je l'ai interprété littéralement. Après une rapide réflexion, il était évident que je ne voulais pas m'engager dans quelque chose qui me dépassait clairement, et qui n'avait plus seulement à voir avec le droit à la caricature ou la défense des dessinateurs. C'était devenu beaucoup plus complexe, voire politique. Les enjeux étaient ailleurs. J'étais certainement trop naïf, utopiste. Aussi vite qu'elle était apparue, l'idée de la fondation Je suis Charlie a ainsi disparu. Pourquoi ? Peut-être n'étais-je pas le seul à ne pas m'y retrouver.

Lundi 4 mai 2015

Mon engagement pour Reporters sans frontières n'allait pas s'arrêter là, en revanche. À l'occasion des trente ans de l'organisation, un grand concert est prévu sur la place de la République. Christophe Deloire m'appelle pour me demander si je veux y participer.

— Tu sais, il y aura des lives et des interventions de personnalités qui viendront expliquer leurs histoires en lien avec la liberté d'expression, la liberté de la presse.

— Sur scène, devant des milliers de personnes ? Mais Christophe, je vais dire quoi encore ?

— Les gens seront contents de mettre un visage sur le slogan.

— Tout ce que je ne veux pas, Christophe, tu imagines.

— Mais c'est important, et puis tu fais partie de RSF maintenant, il y aura aussi une partie de la rédaction de *Charlie*, ça serait bien que tu prennes la parole.

— Tu forces, Christophe, mais ok.

Je me rends donc place de la République pour faire partie de tous ces visages qui constituent cette foule, celle-là même qui a créé le slogan, et qui l'a faire vivre. La place est bondée, on devrait tous être sur scène. Chacune de ces personnes est un élément constitutif de ce que le slogan est devenu aujourd'hui.

On me fait patienter dans les coulisses de la scène pendant que plus de 10 000 personnes se trémoussent sur la musique de Arthur H, HollySiz, Jeanne Cherhal, Cassius. Je fredonne les airs et j'entends à mon grand désespoir la foule en délire à la fin de chaque chanson. C'est bien pour la liberté d'expression dans le monde, moins pour la mienne. Plus les minutes passent, plus ma gorge s'assèche, et plus ma gorge s'assèche, plus je bois du vin blanc, l'ivresse me guette. Je suis beaucoup plus détendu, c'est sûr. Est-ce que je deviens alcoolique ? Possiblement. Serai-je cohérent ? Rien n'est moins sûr...

Assis sur une chaise pliante à l'arrière de la scène, et alors que les enceintes hurlent la musique d'Arthur H, un homme m'accoste.

— Quoi ? Non, j'entends rien. Vous êtes ? Ah ok super (je ne comprends rien mais je vois qu'il insiste alors je suis poli). Un verre ? Vous me proposez un verre ? Non merci.

Je pose ma main sur le verre, ce qui veut dire en langage des signes : c'est bon, je suis ivre caisse.

— Quoi ? Je devrais me calmer avec l'alcool ? Je comprends rien ? La musique est bien ? C'est fort oui ! De l'eau ?? Oui de l'eau, bien sûr je vous suis.

Derrière la scène, nous trouvons un petit espace à l'air libre. Les loges d'artistes sont tout autour et quelques tables font office de buffet, avec des boissons et quelques chips.

— Ah bah oui forcément on s'entend mieux, c'est sûr… Merci pour l'idée du verre d'eau. Ah vous parlez pas français ? Anglais ok. *What's your name ?*

— Wu'er Kaixi.

— *Nice to meet you* Wu'er. Ah c'est Kaixi, Wu'er votre nom de famille, ok.

— *And you ?*

— Moi ? Joachim Roncin, et je suis en panique de passer là. Vous êtes passé ?

— *Yes.*

— La chance, *fuck* ! Mais je ne vous ai pas entendu, désolé. Vous êtes musicien ? *You sing ?*

— *No I'm a speaker.*

— Ah d'accord. Vous avez parlé de quoi sur scène ?

— *I talked about the 1989 student protest in Beijing on the Tian'anmen Square, and about my friend Gao Yu who got imprisoned by the Chinese government.*

Je comprends peu à peu que l'homme qui se tient devant moi est l'un des leaders étudiants des manifestations de 1989 sur la place Tian'anmen.

— Mais non ? Mais *fuck* ? La photo avec l'homme qui bloque le char, là, c'est vous ? Vous savez que *my father* m'avait montré cette photo à plusieurs reprises quand j'étais *teenager* et il me disait que c'était l'image absolue de la liberté. *Incredible. It's you on the picture ?*

— *No, it is my friend.*

— *Oh my god, what a life !* Vous êtes en exil ?

— *Yes since twenty-six years now. And what about you ?*

— *Me ? Me no ! I'm not in exile.* Quoique je pourrais me barrer là, tellement je panique à l'idée de monter sur scène. Imaginez devant un char alors… Non je rigole, pardon je crois que j'ai trop bu. *I had to much to drink, sorry, I don't want to be disrespectful.* En fait j'ai écrit trois mots, three words, sur Twitter, y a eu pas mal de retweet, *fast forward*, me voilà en train de discuter avec vous avant de me faire huer sur scène, par dix mille personnes.

— *Why ?*

— *Why ?* Parce que tout le monde a son avis sur *I am Charlie*, parce que ça veut tout et rien dire, parce que j'ai pas d'explication, ce slogan n'est pas la solution et on pourra le dire autant de fois qu'on veut, ça ne fera pas revenir les dix-sept personnes qui sont mortes début janvier. Parce que tout ça c'est trop lourd pour moi. *Very heavy.* Sinon ça va.

Son visage s'illumine, ses yeux s'écarquillent,

— *You are Charlie ?* (en mimant comme s'il écrivait avec un stylo.)

— De quoi ? Vous voulez un autographe ? *You are not serious ? Kaixi where are you going ?*

Il est parti. J'ai dit quoi ? Kaixiii ??? Je viens de vexer le gars de la place Tian'anmen. Je pense qu'il s'en fout, il en a vu d'autres. *And Kaixi is back...*

— Mais pourquoi vous m'offrez un t-shirt *Je suis Charlie* ? Je vais en faire quoi ? *What ?*

— *Do you have a pen ?*

— Non j'ai pas de stylo. Désolé. Mais pourquoi vous... *I wait ?* J'attends...

Aussitôt Kaixi est reparti. Comme dans un ballet hyper bien synchronisé, un jeune homme avec un casque pourvu d'un micro vient à ma rencontre.

— Joachim ?

— Euhhh *yes...*

— Ok, donc, c'est bientôt à toi, il va falloir que tu te positionnes en bas des escaliers de la scène. On va t'annoncer et tu montes ok ?

— *Yes, I ok.*

— Ça va aller, Joachim ?

— Je veux partir en exil s'il te plaît ?

— Tu as trop bu Joachim ?

— Ça a quoi à voir avec l'exil ? Les gens en exil n'ont pas le droit à l'ivresse ? Je m'égare jeune homme, oui je suis ivre. Ah Kaixi ! *You're back ! And with a pen*, magnifique !

— *Could you sign the t-shirt please ?*

— *Don't you think it's* ridicule *? You risked your life for freedom*, got persecuté, *left your country and me, I* *did nothing. Nothing Kaixi, you understand ?* On est là tous les deux sur cette place entourée d'algeco et *you want me to sign a t-shirt. Life is ironic Kaixi, don't you think ?*

— *What happened in France is terrible, and what you did is extraordinary, I am happy to meet you and would be honored to have a t-shirt signed by you.*

L'homme au casque nous interrompt :

— Joachim c'est à toi dans une minute.

Je ne sais pas ce que j'ai dit sur scène, je ne sais pas comment le public a réagi. Je ne me souviens de rien, blackout. Je sais juste qu'étant sur scène j'ai imaginé Kaixi dans une salle de sport avec le t-shirt sur le dos, le logo Je suis Charlie patiné par les nuits parce que déjà beaucoup utilisé en guise de pyjama. Son coach l'appelant Charlie pendant toute la séance. Allez Charlie encore vingt pompes, une série de deux fois trente secondes de gainage et on est bon pour aujourd'hui.

Épuisé, je sors de scène.

Tout comme moi devant cette photo, dans la cuisine de mon père, d'un homme face aux chars, Kaixi m'a fait comprendre ce jour-là que nous avons besoin d'une incarnation pour croire et espérer. Nous comprenons mieux la portée d'un symbole quand il est accompagné d'un visage. J'ai du mal à m'y résoudre parce que je ne m'en sens pas capable, et c'est ici tout le combat qui m'anime depuis quatre mois.

Après ça la vie a repris, malgré l'intensité du tourbillon, elle reprend toujours. Les plaies sont là, il suffirait d'un peu de sel pour qu'elles se ravivent à nouveau. Je trouve un pansement auprès de mes proches. Anne est enceinte, c'est pour octobre, une nouvelle dynamique se met en place. Je reprends goût à mon travail de direction artistique au sein du magazine *Stylist*, aux réunions du conseil administratif de RSF, et même aux interventions dans des écoles pour discuter de la liberté d'expression.

Les choses se calment et se tassent. On parle d'autres sujets. Chacun veut passer à autre chose, moi également. Une vie « normale ». Pendant quelques mois, tout du moins.

« En te levant le matin, rappelle-toi combien précieux est le privilège de vivre, de respirer, d'être heureux. »

Marc-Aurèle

Le temps fait son œuvre, la vie reprend. Huit mois se sont écoulés, Andréa, ma fille, est née, la vie reprend tout son sens. Dans quelques jours plus rien n'aura de signification, à nouveau…

Vendredi 13 novembre 2015

Il a plu ce matin mais un vent fort a poussé les nuages vers l'est. Le ciel s'est dégagé. Ce vendredi soir, le match amical France-Allemagne a lieu au Stade de France. À quelques encablures de là, les Eagles of Death Metal se produisent au Bataclan. Les Parisiens sont en terrasse, Paris sort de sa torpeur, Paris est joyeuse.

Je retrouve le producteur Patrick Sobelman et le réalisateur Nicolas Saada pour lesquels j'ai créé l'affiche de *Taj Mahal*. Un film qui a pour toile de fond les attentats survenus à Bombay en 2008. Cela fait plusieurs années que je fais des affiches de films, et participer maigrement à la création d'une œuvre a toujours été un honneur pour moi. Trouver l'idée, la substantifique moelle, celle qui donnera envie au spectateur de payer sa place est un vrai défi mais un exercice plaisant. Quand, en plus, il est question de le faire avec deux personnes profondément passionnées et sincèrement dévouées à la création d'un film, on confine au sublime.

On se retrouve donc vers 19 heures au Café de l'Industrie dans le 11e arrondissement, histoire de fêter la fin de cette aventure, et de se voir par pur plaisir, évoquer ensemble les affres et les joies de la création, chacun à son niveau, chacun à sa manière. On n'a pas le même maillot mais on tous la même passion, diraient ceux qui sont au Stade de France. Ce soir, comme beaucoup d'autres, on vit et parle, foot, musique, films. La création est partout : dans la surface, sur scène, sur écran, autour d'un verre. Comme beaucoup d'autres ce soir dans la ville, on vit. Il fait 14 degrés, le vent est moins intense, les gens fument en terrasse. Il est presque 21 heures.

— Tu rentres quand ? me demande Anne.

— J'arrive.

— Ok, Léonard dort mais on t'attend avec Andréa.

Ma fille Andréa n'a pas un mois, il faut que je rentre voir ce concentré de vie. Salut Nicolas, salut Patrick. Je dois vous laisser, on se revoit vite pour parler encore, vivre encore. Je remonte le boulevard Voltaire, Paris est animée. J'ai beau me dépêcher, quand j'arrive les femmes de ma vie dorment. Je m'affale sur le canapé du salon et, doucement, je m'endors également devant le match France-Allemagne.

Il n'est pas loin de 22 heures quand Anne sort de la chambre en panique. Je sursaute.

— Joachim, tu as vu ce qu'il se passe ? Ta mère m'a appelée, elle me dit qu'elle t'a envoyé plein de messages.

— Quoi ? Je m'étais endormi. Qu'est-ce qu'il se passe ?

Le stade, les terrasses, le Bataclan, la nuit sera longue, interminable.

Ça recommence. L'heure est à la destruction. Notre résilience est un peu plus entamée, encore fragilisée.

La ville sent la poudre, le sang, les larmes. Enveloppée dans une couverture de survie, Paris est un chaos éclairé à la lumière des gyrophares. Ce soir-là, j'écrirai une longue lettre à ma fille. Qui commencera par cette phrase : *Dans quel monde arrives-tu, Andréa…*

130 personnes mortes-mortes

Lundi 16 novembre 2015

Un numéro inconnu s'affiche sur mon téléphone. Je décroche. À l'autre bout du fil, Mathilde Serrell, une journaliste croisée sur le plateau du « Grand Journal », m'invite à participer à l'émission « Ping Pong » sur France Culture, en compagnie du dessinateur réalisateur auteur, Joann Sfar.

— On aimerait que tu nous dises ce que tu penses de ces nouveaux messages de soutien aux victimes.

— Je ne sais pas, je suis pas spécialiste.

— Tu as créé Je suis Charlie, c'est lié.

— Je ne pense pas que ce soit lié.

— Le message, ton message est important pour tout le monde, Joann Sfar vient, c'est important que tu sois là.

Le soir du 13 novembre, quelques minutes après les attentats, je recevais déjà des messages sur les réseaux sociaux me demandant ce que j'allais faire comme slogan. *Tu vas faire quoi ? Tu vas dire quoi ? Tu as fait une image que je pourrais partager ? Tu vas faire l'image Je suis Paris ?* Comme si j'étais devenu un robot bon à pondre des slogans à chaque catastrophe. On me réduisait à ça. À nouveau, j'étais horrifié par ce qui venait de se passer. Les morts d'hier étaient des figures de ce qui me constituait, ceux d'aujourd'hui des figures que j'aurais pu côtoyer, que j'aurais pu être. Je n'aurai pas le courage de répondre à ces questions. Faites ce que vous voulez mais foutez-moi la paix, laissez-moi pleurer dans mon coin ce drame dont on est tous victimes, une fois de plus. Je suis Paris, Pray for Paris, Fluctuat Nec Mergitur. Ça tangue. Je vacille et je me dis que c'est trop, que c'est n'importe quoi, que je suis en peine aussi, que je ne suis pas une machine à slogans. Fais-moi une image, un bon mot, et derrière mon écran je partagerai, retweeterai le symbole de ralliement. Pour quoi faire ? Dire qu'on en est, dire qu'on est contre. Ok. Et puis quoi ? Ça servira à quoi ? Je suis tellement triste.

Deux jours plus tard, de nouveau à la Maison de la Radio, face au micro, j'ai envie de raconter ces sentiments si confus, ma peine, mais mon Dieu, que je me sens con face à Joann Sfar. La discussion devient analyse de la société, je ne suis pas du tout à ma place. Pas de place pour le doute. On me demande de réagir, d'avoir un avis construit. Sfar a l'habitude, il a déjà digéré l'information. Il analyse la situation à une rapidité folle. Je l'écoute avec passion. Je ne peux m'empêcher de le lui dire en direct. *Je suis tout à fait d'accord avec vous, Joann Sfar.* On me demande ce qu'est le mode de vie à la française. Mais qu'est-ce que j'en sais, moi ? Quelle bonne réponse à donner à ça ? J'ai pas lu Hemingway, lynchez-moi ! Joann aide-moi, glisse-moi un petit papier, envoie un texto, imite ma voix. Je tente un *Il faut croire qu'on est des profiteurs dépravés* ? Sfar reprend la parole pour évoquer Rachmaninov. C'est beau. Je me noie. Et il m'aide sans m'imiter, il me lance sa formidable bouée d'analyse. Encore une fois, je ne voudrais être qu'un simple spectateur. Ne me posez plus de questions. Ça tombe bien, ils m'en posent de moins en moins, ils pensaient que j'avais un point de vue, ils en conviendront, bien que trop tard : je n'en ai pas.

Joann parle de wahhabisme, qu'est-ce que je peux dire après ça ? Je cherche le bon mot, je voudrais me mettre à niveau. *C'était un message personnel*, oh tais-toi Joachim, tu nous agaces avec ton analyse de CE2. Je suis nul dans cet exercice. Je le réalise encore une fois, je ne suis pas à ma place. Je n'arrive pas à prendre de la hauteur. Je n'ai pas réussi à sécher mes larmes, la raison est étouffée par l'empathie et, conséquemment, empêche toute forme d'analyse.

Joann Sfar : « J'attends rien de magique d'un slogan, c'est juste comment on va commencer notre discussion, si on réussit à ne pas créer de cassure sur le terrain de la discussion alors le slogan aura été utile. » Il y a eu discussion mais la cassure est bel et bien là. Le temps à venir est à la cicatrisation d'une plaie décidément de plus en plus profonde.

On a passé les mois suivants à essayer de comprendre. On se prenait en pleine face la violence qui nous semblait si loin de nous. Chacun entamait un lent processus de reconstruction.

Une nouvelle fois, les choses sont rentrées dans l'ordre petit à petit. Mais en cet hiver 2015 je n'ai plus le goût à rien. Rien ne m'excite. Mon travail, que je trouvais passionnant il y a encore quelque temps, m'emmerde profondément. J'entre dans une dépression sévère. Peut-être. Je ne vois pas d'autre explication. L'année passée a été d'une intensité folle, et depuis peu j'ai l'impression d'être en descente d'un shoot émotionnel trop important. Mon corps en redemande, mon cerveau a encore envie de cogiter, j'ai honte de le dire mais j'ai l'impression que bien que je m'en sois beaucoup plaint, le succès du slogan m'a enivré. J'ai l'impression que plus rien n'a de saveur parce que je suis allé trop haut, tout est fade. Je suis comme un camé à qui on donnerait un bonbon à la menthe pour faire passer son envie d'héroïne. Je sais, l'ego-trip, on n'en parle pas trop quand ça nous concerne, c'est moche. Je me rends compte que je suis victime de mon ego et que l'ego est fort, bien plus fort qu'un Fisherman. Ça n'est pas très joli et c'est dur à canaliser.

Jusqu'à présent, j'ai tenu une ligne de conduite qui m'interdisait de m'enorgueillir de cette création. Sois honnête Joachim, tu aimes bien qu'on parle de toi, tu aimes bien qu'un inconnu dans la rue, dans une soirée, au restaurant, te reconnaisse et te félicite pour ce que tu as fait. Avoue que cette petite notoriété a une saveur pas désagréable. C'est moche, ça n'a aucun intérêt, c'est une perte de temps mais c'est vrai. Impossible de l'avouer ni d'en parler à des proches. On me dégonflerait direct. Ce n'est pas comme si j'avais trouvé une solution pour réduire les déchets dans les océans, là je serais fier, je pourrais pavaner en toge orange fluo et bénir les gens qui viendraient m'embrasser les pieds tel un saint. Ravale cet ego mal placé, coincé dans ta gorge tel le Fisherman menthe forte qui te brûle la gorge. Calmos l'artiste.

Mardi 5 janvier 2016

Quelques semaines ont passé et c'est toujours dans cet état d'esprit qu'une journaliste de France 3 me contacte pour me dire qu'elle veut faire une interview racontant le slogan un an après… Ce qu'il en reste. De plus en plus étranger à moi-même, le slogan comme mon double médiatique doit faire bonne figure. Je ferai l'interview mais malgré le temps la plaie n'est visiblement pas cicatrisée. Certainement une forme de syndrome de Stockholm où mon bourreau serait ces trois mots. J'ai du mal à m'en séparer tout en voulant m'en défaire. Illogique oui, mais je n'en suis plus à une contradiction près.

Le jour dit, je ressasse tout devant elle, les douleurs refont surface, je vais très mal vivre cette expérience. Au point de vouloir en terminer avec l'interview et avec moi-même. Et de me retrouver face à Anne, le soir, alors que les enfants dorment dans leur chambre, pour lui dire que c'est trop. Ma tête va exploser, je n'en peux plus. Le ballet émotionnel incessant de mon combat interne est arrivé à un point de non-retour.

J'étais au plus mal. J'avais passé l'année qui venait de se dérouler à trop réfléchir. J'étais en état d'introspection permanente. Les attentats, les morts-morts, mon frère, les médias, une fondation mirage, l'ego, bravo, c'est incroyable, les insultes, tout ce monde-là cohabitait tant bien que mal en moi. On voulait que je m'exprime, on voulait faire de moi un symbole qui en expliquerait un autre. Si certains en sont capables, moi non, je n'en pouvais plus. Il y avait trop de stigmates. Il fallait que ça cesse. En finir était une idée pathétique, lâche vis-à-vis de ceux qui m'entouraient, j'en conviens, mais à ce moment, je ne voyais pas comment il était possible de refaire surface. Anne me regardait, terrifiée par ce que je venais de lui dire.

— Tu es un pauvre con d'égoïste. Tu penses ce que tu dis, Joachim ? Il y a tes enfants dans les chambres à côté… Tu te rends compte ? Sors de ta bulle, arrête de te regarder le nombril et d'écouter tes angoisses ! Si c'est pas pour toi, fais-le pour tes enfants.

Des mots violents qu'il fallait que j'entende, même s'ils étaient inaudibles sur le moment. J'étais un égoïste. J'étais rentré dans cette boucle perpétuelle de remise en question qui engendrait des débats internes, j'avais l'impression de m'être perdu. J'étais perdu. J'avais vécu dans une machine à laver en mode essorage pendant un an. Je n'en voyais pas la fin. Pour ne pas finir six pieds sous terre, il fallait que je prenne de la hauteur.

J'ai fait une pause. Il le fallait. J'avais perdu suffisamment d'énergie dans une histoire trop grosse pour moi.

Il me fallait prendre soin de moi et de mes proches, me concentrer sur l'essentiel, retourner à la base, regarder mes enfants grandir et leur donner les clefs de la résilience. Couper les réseaux, les infos, faire une pause, travailler et dessiner, beaucoup dessiner. Une catharsis.

Décembre 2017

Des mois et des dessins plus tard, le travail sur moi-même a fait son effet. J'ai réussi à mettre une cale dans mon cerveau bancal. Je me sens stable. Je suis amené à participer à un événement organisé par Patrick Baud au théâtre Tristan Bernard. Ça s'appelle *La Veillée*, et comme son nom l'indique, c'est une veillée où des personnes viennent raconter en public une histoire qui leur est arrivée. On a chacun dix minutes, je dois passer en dernier. Chaque intervenant relate des histoires personnelles incroyables.

Plus mon tour approche et plus j'ai l'impression que mon histoire va faire flop, la ritournelle reprend : qui suis-je pour monter sur scène et raconter cet extrait de vie ?

Marine, une jeune Toulousaine, la trentaine, passe juste avant moi. Assis sur une chaise pliante dans les coulisses, je l'écoute religieusement. Son récit est passionnant. Par une succession de rencontres, alors qu'elle n'était pas du tout destinée à cela, elle sera amenée à être une popstar qui remplira des stades en Chine, et tout cela en quelques mois. Méga star en moins d'un an, elle sera rattrapée par un cancer qui l'obligera à mettre un terme à sa carrière naissante à l'autre bout de la terre. Je suis estomaqué par son détachement, elle rayonne sur scène, elle est maîtresse de son récit, de sa vie. Elle gère. Patrick prend la parole : ça va être à moi.

Notre dernier invité, vous ne connaissez probablement pas son nom, pourtant il y a trois ans de cela il a eu une idée qui a eu un impact sur toutes nos vies… Je suis en coulisses, je me liquéfie, j'attrape le rideau du bord de scène, le serre fort dans ma main, pense à ta phrase du début, c'est quoi déjà ?… *et qui a même eu un impact mondial…* Arrête Patrick, arrête de survendre le truc s'il te plaît… *et ce soir il a décidé de venir raconter les conséquences que ça avait eues sur son existence et les leçons qu'il a tirées de ça…* Mais non Patrick, rien de tout ça !!! Les leçons ??? Je ne suis pas à ce stade de la sagesse, là ! Les gens vont vouloir des réponses, c'est évident, je n'en ai toujours pas… *Je vous remercie d'applaudir très très fort Joachim…* Je lâche le rideau, je regarde la marque que ma main a laissée sur le velours, je me dis que ces marques resteront derrière moi. Je m'avance sur scène, je regarde par terre, ébloui par la poursuite, je regarde le public, un grand vide noir, j'entends quelqu'un tousser... C'est quoi ma première phrase ?... Quelqu'un tousse... *Le 7 janvier dernier...* et merde non c'était il y a trois ans donc ça colle pas... *Le 7 janvier 2015...* Oui voilà c'est mieux, maintenant déroule. Quelqu'un tousse. Mon bras, qu'est-ce que je vais bien pouvoir faire de mon bras, pense à la phrase du milieu, bon, ton bras, tu te grattes la tête, oui voilà, c'est pas mal ça, ça fait genre tu réfléchis. Les intervenants précédents sont tous assis sur scène derrière moi. Mon souffle est court, je vais crever sur scène. Je fais les cent pas, de long en large, j'occupe l'espace, trop, clairement trop, c'est maladroit, frénétique. Un fou sur scène. À part tousser, le public ne réagit pas. C'est incroyable le nombre de gens qui toussent dans une salle de spectacle silencieuse. Un silence monacal. Est-ce qu'ils écoutent ou bien ils dorment ? Ils réagissaient autrement mieux pendant toutes les autres histoires, ils riaient, applaudissaient, ne toussaient pas. J'ai même cru entendre un « Ah ouais pas mal ça ! » qui venait de l'audience. Là, aucune réaction. Le stress monte un peu plus.

Et puis là je rencontre le président ukrainien, puis quelque temps plus tard l'ambassadeur et il m'a proposé de travailler avec BHL. Rire dans la salle. Je me détends. Et ça rigole encore. Pourquoi ils rigolent ? C'est pas une histoire drôle ? Enfin, pas drôle à ce point. Faudrait savoir, quand ça ne réagit pas tu te poses des questions, quand ça réagit tu t'en poses aussi. Je sais, je ne suis jamais content. Je suis fébrile, donc je ne sais pas. En fait si, je sais, toute cette histoire est absurde et l'absurde a aussi du bon car on peut en rire. J'apporte un éclairage différent aux événements tragiques vécus par tous. Prendre du recul sur mon histoire pour en faire une histoire drôle. Rire pour exorciser un trauma, c'est classique. Oui, voilà c'est ça, mon histoire c'est le sticker *Don't worry be happy* sur le cercueil de mon frère.

J'ai placé la phrase du milieu, en route pour la phrase de conclusion... Fini. Je sors du trou noir. Les marques sur le rideau n'ont pas eu l'audace de rester, moi oui.

Merci Patrick, l'expérience était incroyable.

Grâce à cette soirée, je me rends compte que c'est possible de prendre le sujet à la légère. Je prends de la hauteur. Je me tourne en dérision. L'autodérision plutôt que l'autocritique. Alors oui, l'origine de tout ça est effroyable. Mais les histoires qui me sont arrivées en ricochet sont étonnantes, elles traduisent à elles seules l'absurdité d'un monde hystérique. Sticker *Don't worry be happy, we're just crazy !*

Détaché, je peux maintenant presque en rire. Malheureusement, pas pour longtemps.

Les mois suivants, j'ai commencé à accepter de vivre avec le fait que j'avais créé ce slogan, ce tatouage indélébile. Les gens me le rappelaient souvent, je baissais moins la tête en acquiesçant et quelquefois on venait m'en parler de manière surprenante. Comme ce jour de septembre 2018. J'avais depuis quelques mois déménagé à la suite de ma rupture avec Anne.

Je m'étais installé à quelques centaines de mètres de chez, désormais, mon ex-compagne. Un appartement pris à la va-vite. *Signez là, parfait merci, voici les clefs.* Mais dans la précipitation, le propriétaire de mon nouvel appartement meublé avait oublié de me donner celle de la boîte aux lettres. Un détail insignifiant qui allait faire boule de neige. J'attends un courrier important et après plusieurs tentatives de demande d'un jeu de clefs, restées vaines, je décide de fracturer ma boîte aux lettres. Boîte ouverte, courrier récupéré, je dois partir quelques jours plus tard en voyage et décide de remplacer la serrure à mon retour. On fera ça plus tard. Mais alors que je suis à l'étranger, je reçois un mail de ma nouvelle voisine m'indiquant que ma boîte aux lettres a été forcée et qu'elle a gentiment récupéré mon courrier. Mes voisins sont sympas ! Je la remercie et lui demande son numéro pour pouvoir l'appeler une fois de retour à Paris. Ce que je fais une semaine plus tard. Toujours sympa, elle me remet un sac avec l'ensemble de mon courrier, publicités et bons d'achat inclus. Par curiosité, elle me demande ce qui s'est passé avec la boîte aux lettres.

— C'est ma faute, je n'ai jamais eu les clefs, j'ai dû l'ouvrir avec un tournevis parce que j'attendais un courrier important, mais je vais la réparer.

— Il faut la réparer vite, hein.

— Oui, oui, ne vous inquiétez pas, j'achète une nouvelle serrure et je m'en occupe.

Une histoire banale de voisinage, limite ennuyeuse j'en conviens, et à ce moment-là un problème de serrure totalement insignifiant pour moi qui allait évidemment se résoudre en plus de temps que prévu.

Quelques jours plus tard, alors que mes enfants sont chez moi, mal réveillé, mal organisé, il est 8 h 20 et je me dépêche d'accompagner ma fille à l'école. On dévale les escaliers et dans le hall de l'immeuble nous croisons ladite voisine du courrier. Dans la précipitation, j'oublie de la saluer. Quelques heures plus tard, je reçois plusieurs textos de sa part me demandant pour qui je me prends de ne pas la saluer alors qu'elle a été sympa de bien vouloir récupérer mes missives. *Pour qui vous prenez-vous, franchement ?* Et plusieurs (beaucoup) autres messages, dont un dans lequel elle me somme de réparer la boîte aux lettres. Malgré ma promesse, j'avais laissé ce chantier en attente et je m'accommodais d'une boîte aux lettres ouverte aux quatre vents. N'ayant pas grand-chose, voire rien, à cacher, ce n'était pas ma priorité. Ce qui ne lui convenait pas, mais alors pas du tout. Elle justifie son inquiétude en me disant qu'elle sait – *Je sais ce que vous avez fait, votre message pour Charlie, je suis au courant.* Elle craint pour sa sécurité, ajoute-t-elle. Elle me menaçe alors en me demandant expressément de déclarer à l'ensemble des habitants de l'immeuble que je suis l'auteur du slogan Je suis Charlie, sinon elle s'en chargera elle-même lors de la prochaine réunion de copropriété.

— Dites que vous êtes l'auteur du slogan, sinon je vous dénonce.

— Pardon madame mais je ne comprends pas, de quoi avez-vous peur ?

— Des musulmans fous de Dieu pourraient casser toutes les boîtes aux lettres et après c'est la merde.

— Madame, arrêtez de vous inquiéter, arrêtez vos amalgames et vos histoires de boîtes aux lettres. Moi aussi j'ai eu peur, mais je vous assure, aujourd'hui j'ai beaucoup plus peur des gens comme vous qui confondent tout.

— Moi, je suis Charlie, mais c'est eux qui ont tué Charlie, c'est eux qui ont attaqué le Bataclan, c'est eux qui ont dit qu'ils étaient pas Charlie...

— Je suis triste pour vous, madame. Vous mélangez tout. Vous caricaturez le monde dans lequel nous vivons et la peur vous ronge. Mais à présent vous semblez vous servir de ce slogan pour justifier ce qui ressemble en tout point à de la xénophobie. Merci d'arrêter de m'envoyer des textos parce que je vais réparer cette putain de boîte aux lettres.

J'ai réparé la porte de la boîte aux lettres et j'ai déménagé.

Une histoire banale de voisinage m'avait fait réaliser ce jour-là que le slogan avait muté. J'ai laissé ces mots vivre leur vie, ils sont devenus incontournables et incontrôlables.

Un pot de pâte à modeler laissé ouvert pour qui voulait s'amuser. Une pâte souple à ses débuts, qui s'est durcie avec le temps.

2020

C'est ce qu'est venu me confirmer, fin 2020, un journaliste du *New York Times.*

— *Hello* Joachim Roncin ?

— Oui bonjour.

— Je suis Alan du *New York Times,* on voudrait faire un sujet sur le slogan Je suis Charlie et ce qu'il veut dire aujourd'hui, avec le recul.

— Oui, très bien, faisons ça.

J'ai répondu favorablement à cette demande parce que, de mon endroit, je voyais avec stupeur que le slogan portait désormais d'autres messages que ceux relatifs à la liberté. Il avait muté. Il pouvait représenter pour certains un argument justifiant un discours anti-musulmans. Malgré ce constat terrible, l'article du *New York Times* fut, malgré tout, trop radical. Trop peu de nuance. Une suite d'arguments qui ne prenaient pas en compte l'histoire française. La laïcité, le droit au blasphème, la liberté, l'égalité, la fraternité, sont des mots à manier avec prudence.

Comme face à l'ambassadeur d'Ukraine, j'avais l'impression de jouer un jeu trop dangereux. J'ai toujours eu l'impression de jouer un jeu trop dangereux avec ces trois mots. En vrai, Je suis Charlie était rempli de trop de notions qui renvoyaient à beaucoup trop de problématiques de notre société. « Être ou ne pas être Charlie. » On a voulu éviter d'amalgamer, on a tout amalgamé. Sans rien régler.

En 2016, Bruno Frère, sociologue à l'ULiège, écrivait à ce sujet :

« "Je suis Charlie" est mort. Il manifestait avant tout une aspiration à la liberté, à l'égalité, à la liberté de la presse. Or cette aspiration aujourd'hui n'a pas été portée. On voit que l'Europe se referme sur elle-même, on voit une opinion publique de plus en plus favorable à des discours tout à fait sécuritaires – à mon sens non démocratiques –, on voit que les frontières se referment, on voit dans les médias une place croissante d'auteurs comme Zemmour ou Finkielkraut, qui sont tout le contraire de la pensée universaliste à laquelle le "Je suis Charlie" aspirait. »

La nuance a disparu, la prise de position doit être radicale, on ne peut plus hésiter, ça serait suspect.

Mais voilà, je veux continuer à hésiter, je veux me poser encore mille questions pour essayer de trouver mille réponses que je contesterai encore. Je veux chercher à comprendre sans jamais affirmer. J'aime être dans ces sables mouvants plutôt que de me contenter d'idées figées dans un marbre glacial. Je décide alors que je ne prendrai plus la parole sur ce slogan tout en sachant que je le porterai en moi jusqu'à mon dernier souffle, parce que ce slogan c'est tout ce que je représente, avec ses contradictions et ses incertitudes.

2022

Comme moi, le slogan aura eu mille vies depuis 2015. Il a été ce cri, il a représenté tant de combats et a été au cœur de tellement de débats.

Le 12 août 2022, Salman Rushdie est victime d'une attaque au couteau lors d'une conférence à New York. L'histoire avec sa grande hache. Les réseaux sont en ébullition. Les vieux souvenirs reviennent chahuter. À chaque jour sa peine. Comme autant de coups de couteau qui viennent nous rappeler que la liberté de pensée, tous les jours un peu plus mise à mal, n'est pas une liberté acquise mais un devoir autant qu'un droit, qui se protège. Les attaques font mal. Elles avancent masquées, déterminées, racoleuses. Les auteurs des mots, des dessins ont peu de chance face à la férocité de la poudre.

Un monde absurde.

Au même titre que les épis de blé coincés dans l'aération de la voiture de mon père ou que l'odeur du goudron après la pluie, ces trois mots sont alors, à leur tour, une image qui cristallise un moment de vie. Bien rangés dans ma bibliothèque mentale, ils façonneront à jamais ce que je suis.

Je n'ai pas à dire ou raconter ce que sont ces trois mots, si ce n'est que la seule manière de protéger ce slogan, de lui faire crier « liberté », c'est que nous toutes et tous, ensemble, nous rappelions d'où il vient. D'une multiplicité de voix, issues de tous horizons, on dit « je ».

Que Je sois Charlie, Flic, Juif, Paris, Aylan, Tunis, Palestine, Migrant, Nice, LGBT, Orlando, et tant d'autres, c'est toujours parce que nous, toutes et tous, ensemble nous disons « je ». Le vrai sujet ici, c'est le pronom, qui n'est pas personnel mais bien universel.

Nous tous vivants-vivants

ÉPILOGUE

— On peut pas changer de sujet, là ? C'était il y a plus de cinquante ans.

— Quoi ? T'es mal à l'aise, Andréa ?

— Non mais à chaque fois qu'on discute avec toi, Léonard, j'ai l'impression d'être dans un débat télévisé.

— Oui, alors dépêche-toi de finir ton argumentation parce qu'il va y avoir une coupure pub.

— Voilà toujours de l'ironie, du « second degré ».

— Tu vois Andréa, j'attendais un peu plus de répondant de ta part…

— C'est pas une compétition, Léonard.

— Tu as raison mais je peux encore dire ce que je veux, non ? Passe-moi une serviette, tu veux bien ?

— Il faudrait que tu sois un peu plus respectueux, les gens sont sensibles tu sais, c'est pas parce que tu prends tout avec dérision que les gens sont comme toi.

— Mais je respecte, Andréa, je respecte tout et tout le monde, mais peut-on encore dire ce qu'on veut ?

La liberté d'expression existe encore, que je sache ! Fais attention ça coule partout, là, passe-moi une autre serviette.

— Arrête s'il te plaît, j'ai été au Burundi et là-bas, j'ai vu des gens qui n'avaient rien, que dalle, la seule chose qu'il leur reste, leur unique richesse, c'est leur foi.

— Ah donc parce que t'as fait deux missions humanitaires tu penses connaître les subtilités du monde dans lequel on vit ?

— Je dis qu'il faut aussi se mettre à la place des gens qui n'ont que ça et que si tu insultes leurs croyances et bah ils se sentent profondément blessés.

— Donc ils tuent. Je fais pas d'amalgame hein, mais ils tuent parce qu'ils sont blessés, tu te rends compte de l'absurdité de ta réflexion ? Si je suis ton raisonnement, alors on ne peut plus rien dire au risque de blesser quelqu'un et éventuellement se retrouver avec un flingue sur le front... Elle est passée où la liberté de pensée, alors ?

— La liberté de pensée tu l'as, mais pas d'imposer ta façon de voir le monde. Avant... avant... c'était mieux avant, c'est fou de penser encore comme ça, Léonard. C'est pas très progressiste comme façon de voir les choses, je trouve. Et fais gaffe ça coule, là !

— Merci Andréa, c'est évidemment ce que je voulais dire, et tu diras ça à ceux qui sont morts parce que certains se sentaient insultés par leur façon de voir le monde certainement hyper progressiste aussi.

— Bon allez stop, c'est n'importe quoi, tu le sais, et ça suffit avec le vin blanc, tu commences à décliner. T'en veux encore, papi ?

— Il entend rien, laisse tomber… Et d'ailleurs ressers-moi. Je suis Chablis !

— Que t'es lourd avec tes blagues, en plus il entend très bien, c'est juste qu'il en marre d'entendre tes conneries, chaque dimanche c'est la même chose.

— Faut croire que tu nous aimes bien pour t'infliger ça chaque semaine, alors.

— Je sais pas si c'est ça ou si j'espère chaque fois que ça sera différent, que tu changes… Il s'endort, là, je crois.

— Je crois plutôt que c'est toi qui as changé, Andréa, avec tes idées de gauche étriquées.

— STOP ! T'es vraiment con Léonard, c'est pas possible !

— Et voilà, c'est malin, tu lui as fait peur.

— Léo, aide-moi à le redresser.

— Ça va papa ?

— Cale le coussin derrière son dos.

— Tiens voilà, et toi papa t'en penses quoi de tout ça ?

— Lâche-le avec cette histoire.

— Bah c'est vrai ça, on t'a pas entendu de tout le repas.

— Attends, il dit un truc…

— Gravier.

— Il a dit quoi ?

On était en 2073, dans quelques heures j'allais m'éteindre des suites d'une cirrhose communément appelée crise de foie. Ils allaient inscrire sur ma tombe « #jesuismort ».

REMERCIEMENTS

À Chloé Deschamps, mon éditrice, sans qui je n'aurais jamais pu aller jusqu'au bout de cet exercice.

À Anne, sans qui je n'aurais jamais pu surmonter toute cette histoire.

À Poulpe, sans qui je n'aurais jamais écrit ce texte.

À Luz, Zineb, Riss et tous les autres.

À Merav Abbou.

À ma mère, cette incroyable force de la nature.

À mon flamboyant père.

À Augustin et Malik, mes deux frères toujours trop loin.

À Anna, ma grande sœur, que je suivrai toujours par la mer malgré la houle.

À mes grands-parents Babo et Dido, à mes filleuls Magdalena, Éléonore et Jonie, à mes neveux Lubomir, Hadrien, Joachim et Jad.

À mes précieux amis Katia, Alex, Thomas, Manu et Guillaume.

À la bienveillance de son regard mais surtout à ses cils.

Et enfin à mon frère Jean-Philippe qui me regarde du coin de la rue.

Cet ouvrage a été imprimé par
CPI Firmin-Didot au Mesnil-sur-l'Estrée
pour le compte des Éditions Grasset
en décembre 2023

Mise en pages
PCA 44400 Rezé

PAPIER CERTIFIÉ

Grasset s'engage pour l'environnement en réduisant l'empreinte carbone de ses livres. Celle de cet exemplaire est de :
400 g éq. CO_2
Rendez-vous sur www.grasset-durable.fr

N° d'édition : 23007 – N° d'impression : 177003
Dépôt légal : janvier 2024
Imprimé en France